KB034192

BAM :
비즈니스 세계에서 복음을 살다

젊은 세대를 위한 BAM 개론서

BAM:
비즈니스 세계에서
복음을 살다

기독경영연구원 & **IBA** 공저

홈페이지	www.iba-all.org
이메일	iba4world@naver.com
페이스북	https://www.facebook.com/IBA2world

홈페이지	www.kocam.org
이메일	kocam@kocam.org
페이스북	https://www.facebook.com/www.kocam.org

BAM :
비즈니스 세계에서
복음을 살다

©기독경영연구원 ©IBA

초판 1쇄 인쇄·발행 2021년 10월 26일

지은이 기독경영연구원, IBA
펴낸이 이병구, 엄기영
기획 편집 IBA출판기획팀
디자인 인권앤파트너스

펴낸곳 ㈜샘앤북스
주소 서울시 영등포구 양평로22길 21, 선유도코오롱디지털타워 310호
전화 02-323-6763
팩스 02-323-6764
이메일 wisdom6763@hanmail.net
홈페이지 blog.naver.com/mnaru1
출판등록 신고 제 2013-000086 호

ISBN 979-11-5626-364-7 (03320)

목차

기독경영연구원과 IBA가 협력하여 〈BAM : 비즈니스 세계에서 복음을 살다〉를 출간하게 된 것은 매우 의미 있고 시의적절한 일이 아닐 수 없습니다.

기독경영연구원(기경원)은 "기업세계 위에 하나님의 나라가 임하게 하옵소서"라는 비전을 가지고 지난 25년 동안 사역해 왔습니다. 크리스천들이 하늘나라 기업가정신(kingdom entrepreneurship)을 가지고 기업을 경영하여 '생육하고 번성하라'는 창조명령과 '땅끝까지 복음을 전하라'라는 선교명령의 수행자가 되어야 하는 것이 이 시대에 우리에게 주어진 사명입니다. 기경원은 2000년대 말부터 Business As Mission이 이 시대 한국의 크리스천 기업들이 감당해야 할 소명이라는 것을 깨닫고 현장에 있는 분들과 교류하면서 협력해 왔습니다. 2018년에는 BAM의 의미를 이해하고 현장사례를 소개하는 책을 발간하기도 했습니다.

이러한 활동을 하는 가운데 한국 BAM 운동의 중심에 있는 IBA (International BAM Alliance)와 만나게 하신 것은 하나님의 인도하심과 은혜입니다. IBA는 매년 포럼과 컨퍼런스를 통하여 BAM의 현장에 있는 분들이 모여서 서로의 경험과 지혜를 나누고 새로운 전략을 모색해 왔습니다. 여기에 기경원도 수년 전부터 참여하여 협력해 온 것은 하나님께서 두 단체가 연합하여 더 힘 있게 사역할 수 있는 기회를 주신 것이라고 생각합니다.

  아직 BAM이 한국 기독교계에 확고하게 자리 잡지 못한 상황에서 젊은 세대를 위한 BAM 교육 교재를 만드는 것은 매우 도전적인 과제입니다. 과연 젊은 크리스천들이 BAM을 이해하고 소망을 품을 수 있을까? 이다니엘 목사님이 기독대안학교에서 행해온 〈청소년 BAM 수업〉에서 학생들이 긍정적인 반응을 보이고 있다는 사실이 큰 도전이 되었습니다. 이를 활성화 시키는 것은 우리가 감당해야 할 과제라는 생각이 들어 이번 교재 개발 프로젝트를 추진하게 되었습니다.

  교재개발을 위해 집필자로 수고하신 한정화 교수님, 이다니엘 사무총장님, 송동호 대표님, 김예채 작가님께 감사의 마음을 전합니다. 기경원의 연구 결과를 성심을 다하여 출간해 주시는 샘앤북스-맑은나루의 이낙규 대표께도 감사드리는 바입니다. 한국의 크리스천 기업가들이 하늘나라 기업가정신을 가지고 세계 선교에 앞장서게 되기를 바라고, 자라나는 청소년들에게 도전과 희망을 주게 되기를 바랍니다. 이 교재가 젊은 세대에게 기업 현장에서 복음을 전하면서 하나님 나라의 확장을 꿈꾸는 위대하고도 아름다운 소망을 품게 하는데 도움이 되기를 바랍니다.

엄기영
IBA 상임대표

안녕하세요. IBA 상임대표 엄기영 목사입니다.

〈BAM : 비즈니스 세계에서 복음을 살다〉 발간은 저와 BAM 영역의 동지들에게 있어 더 없이 뜻 깊고 감사한 소식입니다.

2004년 로잔운동을 계기로 본격화된 글로벌 Business As Mission 운동은, 2007년 상하이한인연합교회에서 열린 제1회 SKBF(상하이한인비즈니스포럼)를 시작으로 한국교회 BAM 운동으로 확대됩니다. 매년 지역교회 목회자, 비즈니스 리더, 선교단체 리더들이 SKBF를 중심으로 모여온 가운데, 2013년에는 BAM 선교연합체 IBA(International BAM Alliance)가 조직되어 BAM 운동을 보다 체계적이고 보다 힘 있게 전개하게 됩니다.

이번 단행본 발간은, 2007년부터 최근까지 첫 세대들에 의해 한국교회 안에 터가 놓이고 잘 정착된 BAM 운동이 이제 본격적으로 지금 이 시대 젊은 세대로 확장된다는 측면에서 매우 큰 의미를 가지고 있습니다. 책의 독자층은 물론 기업사례에 나오는 비즈니스 리더들 대부분 젊은 세대들이라는 점은 한국교회 목회와 선교계 전반에 큰 울림이요 도전이 될 것입니다.

특히, 책의 내용이 IBA가 최근 5년간 전국 여러 기독대안학교들과 함께 만들어 온 〈청소년 BAM 수업〉을 토대로 구성되었다는 점도 주목할 만합니다. IBA는 학교별로 BAM 한 학기 수업과정이 진행되는 과정 속에 많은 고등학생들이 BAM 이론, 기업사례, 그리고 비전 제시에 공감하고 그들의 영성과 진로에 큰 도움을 받고 있음을 확인했습니다. 젊은 세대들을 "비즈니스 세계 속 예수의 제자"로 세우는 일에 실제적인 열매를 거둬왔음 역시 한국교회 목회와 선교에 있어 의미 있는 일이 아닐 수 없습니다.

IBA의 청소년 BAM 수업 콘텐츠가 책 한 권 안에 오롯이 담길 수 있음에, 그리고 이 책이 향후 한국교회 미래세대 양육사역에 힘을 보탤 수 있다는 생각에 흐뭇한 마음을 감출 수 없습니다. 이 책은 청소년, 대학생-청년은 물론 30-40대 젊은 부모들에게까지 두루 영향을 미치는 가운데 "참된 복음의 영향력이 무엇인지", "복음을 아는 자들의 영성과 삶이 세상 속에서 어떻게 힘을 발휘하는지", "비즈니스 세계 속에서 예수의 제자들은 어떻게 살아야 하는지"에 관해 좋은 모델을 제공할 것입니다.

감사의 마음을 표하고 싶은 분들이 있습니다. 저희 IBA의 청소년 BAM 수업 이야기를 듣고 전적으로 공감해 주신 가운데 본 단행본을 함께 출간하도록 함께 힘을 모아주신 기독경영연구원 이병구 이사장님과 이형재 원장님께 감사드리고, 집필자로 함께 한 한정화 교수님, 송동호 대표님, 김예채 작가님, 그리고 출간 실무를 진행한 이다니엘 사무총장, 홍재인 매니저, 김은총, 정병준, 이소현 간사에게 감사의 마음을 전합니다.

하나님께서 〈지금 여기, 선교의 시대〉에 젊은 세대를 통해 새로운 일을 행하시길 기대합니다.

　한국 인구의 1/3을 차지하고 있는 MZ세대는 사회문화적으로 기성세대와는 많은 차이점을 드러내고 있습니다. 또한 MZ세대는 제품과 서비스의 소비성향도 독특한 측면이 많은 것으로 알려져 있습니다. 이러한 MZ세대의 뒤를 이를 세대가 바로 지금의 청소년들입니다. 기독교관련 연구 조사에 따르면, 안타깝게도 청소년들이 중고등학교를 졸업하고 대학에 진학하면서 약 70퍼센트가 교회를 떠난다고 합니다. 한국교회 미래의 어두운 그림자라고 할 수 있겠습니다. 따라서 청소년들에게 신앙을 지키면서 미래에 대한 꿈과 비전을 제시하는 것은 기성세대 크리스천의 막중한 책임이라 할 수 있습니다.

　이번 출간된 〈BAM : 비즈니스 세계에서 복음을 살다〉는 이러한 목적에 부합하는 매우 의미 있는 도서라고 생각됩니다. 앞으로 청소년들이 학업을 마치고 사회에 진출하여 취업이나 창업을 하게 될 때, 열독하고 묵상해야 할 청소년을 위한 길잡이라고 할 수 있습니다. 직장에 다니고 창업을 하는 것이 크리스천으로서 무슨 영적인 의미가 있는지를 생각해 보는 것은 일과 노동에 대한 근본적인 이유와 목적을 깨닫는 데 큰 도움을 줄 것입니다. 이 교재에서 제시하는 바와 같이, 일과 노동에서 복음의 삶을 살아내는 것은 중요한 영적인 예배라고 할 수 있습니다. 더 나아가 비즈니스와 적정한 기업가정신에 기반한 창업이 복음전파와 선교의 중요하고도 효과적인 통로가 된다는 점은 크리스천 청소년들에게 밝은 꿈과 비전을 제시하는 것입니다.

이 교재에서는 청소년들에게 비즈니스미션 현장에 관한 체감도를 높이기 위해 흥미로운 BAM 경영사례들을 소개하고 있습니다. 또한 청소년들이 BAM을 실습할 수 있도록 창업교육 프로그램 매뉴얼을 수록하여 신상품개발 아이디어 제안, 투자유치, 모의투자 게임 등 청소년들의 관심과 몰입도를 높이고 있습니다. 아무쪼록 이 교재로 인해 많은 젊은 크리스천들이 가슴 뛰는 비즈니스미션에 관한 꿈과 비전을 품고 미래를 향해 힘차게 나아갈 수 있게 되기를 간절히 소망합니다.

제1장
복음은 삶이다

예수가 답이라면 무엇이 문제인가

　신학교 다니던 시절, 기말고사에 이 한 줄이 시험문제가 출제되었다. <예수가 답이라면 무엇이 문제인가?> 사실, 처음엔 이 문제를 출제하신 교수님의 의도를 잘 몰랐다. 문제를 받아들고 곰곰이 생각하는 가운데 출제의도를 짐작하게 되었다. "너희가 오랜 시간 교회를 다니면서, 교회 설교시간, 소그룹 시간, 여름수련회 등을 통해 '예수 그리스도가 정답'이라고 계속 배웠는데, 그렇다면 너희가 살고 있는 이 시대 가운데 정말 우리를 어렵게 만들고 우리에게 도전을 주는 '진짜 문제'(question이자 problem)이 무엇인지 생각해 봐라'라는 것이다. 이 한 줄 시험문제는, 남은 내 인생과 사역을 뒤바꾸는 계기가 되었다. 언제 어디에 있든 '덮어놓고 예수가 정답'으로 얼버무리는 것이 아니라, '영원불변한 복음(text)을 가진 자'로서 '내가 서 있는 상황(context)'에 관해 깊이 생각하고 "무엇이 진짜 문제일까?"를 생각하게 만들었다.

　지금 이 시대, 이 세대에 있어서 최고의 화두는 무엇일까? 돈이 아닐까? 돈으로 대표되는 '자본'의 힘이 초막강해 져서, 모든 사람들의 삶을 좌지우지함 아닐까 싶다. 자본주의(資本主義, capitalism)의 뜻이 '자본이 지배하는 경제체제'일진대, 역사상 지금 이 시대만큼 자본의 힘이 극강해 져서 사람들 위에 '주인'이자 '뜻'으로 군림한 적이 있을까 싶다. 역사상 지금 이 세대만큼 개개인의 삶이 자본 하나를 위해 돌진하는 시대가 있었을까 싶다. 많이 가진 사람이든 적게 가진 사람이든 아니면 아무 것도 없는 사람이든, 삶의 화두는 단연 '돈'이다.

　그렇다고 우리가 자본주의 체제를 부인할 수는 없다. 이전에도 자본주의 속에 살아왔고 지금도 그러하며 또 앞으로도 그러할 것이다. 그러나 크리스천 즉 복음을 아는 자로서 우리에게 '더 나은 삶의 양식'

은 없을까라는 질문을 해본다. 복음은 '크리스천의 라이프스타일'에
관해 뭐라고 하는가를 질문해 본다.

하나님이 내게 주신 특별한 임무

앞서 소개한 "예수가 답이라면 무엇이 문제인가?"라는 질문을 중
심으로 내 삶 곳곳을 들여다볼 때, 몇몇 장면들이 머리에 떠오른다.
2010년 즈음, 서울소재 모 교회에 부목사로 사역하며 느꼈던 것이다.
그 교회에는 장로님과 권사님들, 집사님들도 계시고 청년들도 여럿 있
었다. 예전 같았으면 "이들을 앞에 두고 어떤 설교를 할까?", "심방은
언제?", "여름 아웃리치는 어디로 갈까?"를 고민했을 텐데 당시는 많이
달랐다. 이들이 다르게 보였다. "이 분들이 사회-경제적으로 도움이
필요한 분들이구나." 교회 안에서야 직분자로서 나름의 활기를 가지고
미션을 가지고 봉사하는 분들이지만, 교회 밖에 나가면 험난한 사회-
경제 상황 속에 적지 않은 분들이 '사회적 약자'의 신분을 가지고 계심
을 보았다. 청년들도, 적잖은 이들이 실직자 혹은 청년 빈곤층의 신분
으로 분류됨을 보았다.

위의 상황을 겪으면서 나는 남다른 책임감을 느꼈다. 절대다수의
목사들은 지역교회 안에서 성도들을 영적으로 케어하며 설교하고 양
육하며 성도들의 경조사를 챙기는 일을 하겠지만, "내게는 좀 다른 부
르심이 있겠다" 했다. 실제로 이 이후에 인천 소재의 한 사회적기업에
들어가 7년간 비즈니스 현장에서 일하며 이 시대 사회적 약자들이 일
자리를 갖고 또 다양한 사회서비스를 받게 하는 일에 손을 모았다. 대
기업도 아니고 규모가 큰 사업은 아니었으나, 이 시대에 소외된 어르

신들, 일자리가 없는 청년들, 탈북민과 장애인들과 함께 일하며, 그들 인생에 있어 존중과 배려를 받으며 한편으로 다음 단계로 도약하기 위한 발판을 경험하도록 도왔던 소중한 시간이었다. 짧디 짧은 7년의 일터일상이었지만, 하나님께서 내게 주신 특별한 미션(Mission)이었다고 믿는다.

스마트폰만 열면 비즈니스 세계

"예수가 답이라면 무엇이 문제인가?"라는 질문에 또 한 가지 떠오른 것은 바로 '스마트폰'이다. 신앙이 있건 없건, 교회에 다니건 안 다니건, 이제는 스마트폰 영향에서 벗어날 사람이 없다 해도 과언이 아니다. KBS 뉴스를 보니 현재 전 세계에서 사용하는 휴대전화는 약 50억 대이고 그 중 절반 정도는 스마트폰이며, 우리나라의 경우 역시 전체인구의 70% 이상이 스마트폰을 쓰고 있다. 남미에서 사역하시는 어느 선교사님이 귀국해서 "이제는 남미 아마존에 있는 원주민들도 다들 스마트폰을 씁니다"라고 하신다. '포노 사피엔스'(phono sapiens)'는 스마트폰과 호모 사피엔스의 합성어로, 휴대폰을 신체의 일부처럼 사용하는 새로운 세대를 뜻하는 바, 최재붕 교수가 쓴 〈포노 사피엔스〉든 임홍택 작가가 쓴 〈90년생이 온다〉든 앞으로의 시대와 세대는 스마트폰 중심으로 돌아갈 것이 자명해 보인다.

고등학생들 앞에서 강의 할 때마다 "너희들도 이미 비즈니스 세상 속에 한 몫을 하고 있다"라고 하며 예를 드는 것이 바로 스마트폰 사용이다. 청소년들이 스마트폰을 여는 그 순간부터 비즈니스 세상이 작동하기 시작한다. 앱 하나를 다운 받느냐 마느냐, 게임 한 편에 몇 분 혹은 몇 십 분을 머무느냐에 따라 기업들에는 '보이지 않는 계산기'가 돌아간다. 게임 회사들이 고민하는 것은 '어떻게 하면 청소년들이 게임에 조금 더 머물게 할까?' '어떻게 하면 조금 더 돈을 많이 쓰게 할까?'다. 게임 그래픽도 음악도 청소년들의 인지와 감성을 자극하는 것들로 채운다. 사소한 사운드 하나도 극강의 타격감을 느끼며 카타르시스를 느끼게 디자인 한다. 실제로, 거대 게임회사에 다니는 후배 하나가 내게 와서 자기 마음을 토로한다. "형, 크리스천으로서 자괴감이 느껴져요. 청소년들을 게임의 수렁으로 몰아넣으며 돈을 버는 이 일을 계속해야 할지…" 청소년들은 흥미와 쾌감 때문에 머물지 모르지만, 적어도 비즈니스 세계에서는 이 모든 것이 죄다 돈 문제다.

UN SDGs 17개 과제들을 생각한다

"예수가 답이라면 무엇이 문제인가?"라는 질문에 또 한 가지 떠오른 것은 '망가져 가는 세상'이다. 우리는 이미 환경파괴와 기후변화의 나쁜 열매를 먹고 있다. COVID-19의 경우 그 시초를 특정동물로 보든 환경파괴로 보든 인류가 건드리지 말아야 할 것들을 건드린 것에 대한 결과라 할 수 있다. 지구온난화현상으로 인한 열돔 현상과 미국과 호주, 유럽을 강타했던 산불재해 역시 결국은 인간의 탐욕으로 말미암은 결과물이라 할 수 있다.

지구가 얼마나 망가졌는지 그리고 인간 사회가 어찌나 탐욕에 찌들었는지, UN은 전세계가 지속가능한 세상이 되게 하기 위해 17개 목표를 내놓고 우리 모두의 공통의 과제로 설정한다. 이름하여, UN의 지속가능 발전목표(Sustainable Development Goals)다. 크리스천들은 우리 일상에서 벌어지고 있는 이런 일들을 어떻게 다루고 있는가? 단순히 '지구가 망하면 안 되니깐'이라는 생각과 '더 나은 세상을 만들기 위해 무엇인가 해야 한다'는 생각으로 하는 행위들은 안 믿는 이들도 할 수 있는 일들이다. 우리는 지금의 이런 시대적 상황을 어떤 안목, 어떤 관점으로 봐야 할까? UN SDGs의 1번부터 17번까지 살펴보면, 빈곤 퇴치, 기아 해소, 건강과 웰빙, 양질의 교육, 물과 위생, 에너지, 기후변화와 대응, 해양 및 육상 생물, 평화와 정의, 건강한 제도 등이 있다. 이런 이슈들은 빈곤한 나라들에만 해당되는 게 아니다. 이는 부유한 나라들을 넘어 인류 공통의 문제가 되어 버렸다.

"예수가 답이라면 무엇이 문제인가"에 있어서, 우리는 이 역시 기독교신앙 안에서 좀 사고 할 필요가 있다. 과연 이것이 UN만에 이슈 일까? 크리스천으로서 우리는 이를 어떻게 바라봐야 할까? 문제의 근원은 무엇이며, 지역교회들은 이 문제들을 어떤 방식으로 설명하고 있을까? 단순히 개개인의 차원에서 "지구가 망하면 안 되니깐", "다음세대가 살아갈 더 나은 세상을 만들기 위해" 같은, 누구나 할 수 있는 행동 차원에서 참여하고 말 것인가? 여러 모로 생각할 것이 참 많다.

일의 미래? 우리의 현재가 되다

우리는 COVID-19이 앞당겨온 과학기술의 변화에 대해 숙고할 필요가 있다. 코로나 이전만 해도 '4차 산업혁명 시대가 실재인지 허상인지'를 두고 왈가왈부 했다만, 지금은 이에 대해 누구도 토를 달지 않는다. 코로나로 인해 4차 산업혁명 시대에 관한 각종 혁신기술들이 이미 우리 실생활에 깊이 들어와 있고 인공지능은 이미 우리의 일자리를 대체하며 일자리의 카테고리를 바꾸고 있다.

축구경기장 몇 배나 되는 거대한 물류공장을 들여다보면 AI 기능을 탑재한 로봇들이 누가 감시하지 않아도 성실하고 꾸준하게 그리고 효율적으로 자기 일들을 해내고 있다. 카페나 햄버거집 안에는 터치스크린 방식의 무인단말기인 키오스크(kiosk)가 대학생 알바생들이 감당하던 일들을 원활하게 잇고 있다. 비대면 사회 속 배달사업이 크게 활성화된 가운데, 누군가의 아버지요 누군가의 형제인 택배 배달원들은 상품 배달을 하는 내내 AI의 감시를 받느라 화장실 한 번 제대로 가지 못 하고 있다. 뭐랄까, "오~ 가까운 미래에는 우리 일자리에 이런 변화가!"하며 놀라며 읽었던 2017년에 출간된 선대인 소장의 저서 〈일의 미래, 무엇이 바뀌고 무엇이 오는가〉는, 이미 우리의 현재가 되어 버렸다. 불과 요 3~4년 만에.

이러한 급격한 시대적 변화는, 청소년기 자녀를 키우고 있는 나에게도 무척이나 당황스럽다. 아버지로서 내 아들에게 해 줄 말이 마땅치 않다. 적어도 내 아버지는 어린 나에게 "얘야, 지금의 사회 양상은 이렇단다. 앞으로의 경제는 저렇단다. 그러니 이런 직업보다는 저런 직업이 좋겠다. 이런 방향으로 변해갈 거란다."라고 얘기해 줬었고, 돌아보건대 아버지의 예측은 대부분 틀리지 않았다. 그러나 지금은 내 아들에게 '그들이 살아갈 미래'에 대해 해줄 수 있는 말이 마땅치 않다. 할아버지와 아버지의 시대를 향유했던 직업들은 머지않아 상당부분 새로운 기술에 대체될 것이 빤한 상황이다. 아버지로서 해줄 수 있는 것은, 여전히 불확실한 미래 앞에 유연하게 사고할 수 있는 역량을 키워주는 것. 변화무쌍한 현실 앞에 창의적으로 대응할 수 있는 역량을 키워주는 것. 특히, 아이가 돈의 힘이 폭주하고 인간의 혈기가 난무하는 시대 상황 속에 스스로 신앙적으로 판단하고 결정할 수 있도록 역량을 키워주는 것 정도일 뿐이다.

화두 : 비즈니스 세계 속 선교적 삶

나는 "예수가 답이라면 무엇이 문제인가"라는 질문을 "우리는 비즈니스 세상 속에서 예수의 제자로 어떻게 살 것인가?"라는 질문으로 바꿔보고 싶다. 중요한 것은 '문제 그 자체'보다는 그 문제 앞에 선 예수의 제자들과 그들의 반응이기 때문이다. 그리고 이 책은 위의 두 질문에 매우 충실하다. '정해진 답'을 주려는 건 아니다. 다만, 이 책을 통해 지금 이 시대 속 다양한 상황과 여러 도전들 앞에 '생각하며 살아가는 크리스천들', '고민하며 살아가는 크리스천들', '뛰어 넘으려 애쓰는 크리스천들'이 있음을 보여주려 한다. 적지 않은 크리스천들이 자본의 힘 앞에 너무나도 자연스럽게 편승하며 살아가는 가운데, 그럼에도 지금 이 시대 '복음을 아는 자들'이 있음을 그리고 그들은 어떤 삶을 사는지를 보여주려 한다. 이는 Business As Mission이 추구하는 〈비즈니스 세계 속 선교적 삶〉이라는 주제와 맞닿아 있다.

한편, 비즈니스 세상을 살아갈 예수의 제자를 논함에 있어 지역교회의 제자양육 컨텐츠가 좀 더 정교해져야 하지 않을까 생각해 본다. 기존의 제자양육 방식을 보면 성도들에게 '기도란 무엇인가', '예배란 무엇인가', '큐티란 무엇인가', '선교란 무엇인가' 등을 가르친 뒤 방학 때가 되면 해외 선교현장으로 단기 아웃리치를 떠나는 것을 하나의 루틴처럼 여겨 왔다만, (위의 것들이 여전히 유효하고 여전히 중요하다는 전제 아래) 이제는 '지금 이 비즈니스 상황 속에 예수의 제자로 살아가기 위해 우리가 훈련해야 할 것들'에 관한 내용도 포함되어야 한다.

앞서 언급했듯이, 갓난아기들도 스마트폰 컨텐츠에 노출되어 있다. 초등학생과 청소년들은 이미 비즈니스 세계의 일원으로 살아가고 있다. 이런 시대 속에 우리는 젊은 세대들이 과학기술과 대중문화 속에 살며 이것들을 분별력 있게 누리되, 스스로 복음적으로 성찰하고 스스로 선교적 목적성 아래 자신의 삶을 꾸려나갈 수 있는 영적인 기초 체력을 길러줘야 한다. 돈, 노동, 일터, 시장과 같은 가치를 마냥 도외시하거나 마냥 정죄하며 한쪽 구석에 밀어 놓기에는, 세상 이슈들이 너무나도 방대하고 복잡해 졌다.

매주 60~70명 청소년들을 만나며

나는 5년 넘게 기독대안학교 고등학생들과 꾸준히 만나왔다. 2020년 가을학기의 경우, 전국 기독대안학교 4곳 고등학생들과 만났다. 학교별로 한 학기 10~15주 Business As Mission 수업을 통해 60~70명을 매주 꾸준히 만났으니, 나름 '나만의 기독 청소년들에 관한 데이터가 있다' 말할 수 있다. 내가 가르쳤던 청소년들 모두 크리스천이었고, 그들을 기독대안학교에 보낸 부모들 역시 모두 크리스천이었다. 부모나 아이들이나 대부분 예배는 물론 교회봉사에 아주 열심이었다.

한편, 꾸준한 아이들과의 상호작용을 통해 파악하게 된 것은 정작 아이들 자신은 '나중에 커서도 내가 신앙생활을 잘 할 수 있을지' 자신감이 없다는 것이다. 그 중심에는 몇 가지 질문들이 있었다. "당장 교회는 열심히 나가는데 교회 안과 교회 바깥의 괴리가 너무 크다.", "복잡한 시대 상황 속에 복음은 전혀 관련이 없는 듯하고 힘이 없는 것 같다.", "예수님 믿으라고 애기는 많이 들었는데, 어떻게 적용할 수 있지 전혀 모르겠다.", "교회에 어른들은 많은데, 일터와 신앙에 있어 본 받을 만한 이야기를 들어본 적 없다."

감사하게도, 아이들이 나와 함께 기독대안학교 BAM 수업을 하면서 위의 고민들에 대한 답을 얻는 것을 보았다. 그들이 대학생이 되고 또 어른이 되어서도 여전히 신앙을 붙들고 살아야 할 이유를 발견하는 모습을 보았다. 교회 바깥에 산재한 복잡한 상황과 여러 문제들을 '복음 안에서 어떤 관점과 태도로 대해야 할지' 스스로 정리하는 모습을 보았다. 자본의 힘이 강력한 지금 이 시대 속에서 선교적 삶을 살아내는 젊은 크리스천 기업가들을 통해 '따라가야 할 모델'을 발견하는 모습에 나름 안도할 수 있었다. 그래서 참 다행이라 생각했다만…

한편으로, 이런 질문이 있다. 지금 이 때에, 지역교회들은 아이들에게 무얼 가르치고 있는 걸까? 모르긴 몰라도 아이들은 '각자 매일 자기가 경험하고 있는 거대하고 압도적인 비즈니스 제국의 힘'을 등에 업고 자신이 출석하고 있는 교회와 부서들을 판단하고 있을 텐데… 이러한 아이들의 인식에 반해, 교회학교 사역자와 교사들은 어떻게 대응하고 있을지. 한국교회의 가장 큰 문제는 "청소년들을 마냥 '아이'로 대하며 쉬이 '이대로 따르라'고만 하는 것" 아닐는지.

비즈니스로 점철된 시대와 세대

세상 모든 것이 '비즈니스화' 되었다. 불과 20년 전만 해도 비즈니스라고 하면 사람들은 경영학이라는 특정 학문을 떠올렸다. 지금은 세상 모든 영역 바로 뒤에 비즈니스라는 수식어가 따라 붙는다. 의료 비즈니스, 사회복지 비즈니스, 교육 비즈니스 등등. 뭐랄까, 예전에는 의사

선생님들, 사회복지사, 학교 선생님들의 활동에 비즈니스라는 수식어를 붙이면 "어찌 이런 고귀한 섬김의 일들에 '돈의 논리'를 가져다 붙이는가!"하며 혼났었는데, 이젠 대학교 학과들 이름 속에서도 이런 비즈니스와의 융합이 전혀 어색하지 않다.

특히, MZ세대들은 사회적 가치, 환경적 가치 등에 열광적인 모습을 보이는 것처럼 대단히 '가치 지향적'이다. 한편으로는 어려서부터 자본주의 경제의 생활 방식이 몸에 익어 '돈의 흐름에 선천적으로 민감'하다는 평가를 받는다. 그리고 보면, 앞서 언급했듯이 지금 이 시대의 화두가 '돈'이 된 것은 매우 당연해 보일 수도 있겠다. 지금 이 때에 누군가 이들 앞에 돈에 대한 건강한 관점, 건강한 라이프스타일을 직접 살아내며 이를 보여주지 않는다면, 향후 젊은 크리스천들의 삶은 비즈니스 논리에 매우 충실하게 흘러감이 당연할 것이다.

IBA와 한국교회 BAM 운동은 지난 15년 동안 '비즈니스 세계 속 선교적 삶'을 이야기 했다. 여기서 비즈니스 세계라 함은 한국은 물론 전 세계가 도시화와 자본화 상황을 겪는 가운데 우리 모두 자본주의 사회 속에 돈의 힘 앞에 예외가 없음을, 특히 선교지 현장과 그곳 현지인들 역시 똑같은 상황을 겪고 있음을 말한다. 선교적 삶이란 모든 성도들은 존재적으로 선교로의 부르심을 받았고 선교의 사명을 안고 살아가야 한다. 특히 우리의 말과 행동뿐만이 아닌 일상의 삶 자체가 선교적이어야 함을 강조한다. 세상 많은 이들이 도시화-자본화 상황 속에 돈의 힘을 당연한 삶의 원동력이자 최고 가치로 여기며 살아갈 때, 성도들은 이러한 돈의 힘을 뛰어넘은 라이프스타일을 지향한다. 그리고 우리는 이런 라이프스타일의 모델을 사도행전 2장 후반부에서 찾을 수 있다.

초대교회 성도들의 삶을 들여다 보다

초대교회 성도들의 삶의 양식에 관하여, 사도행전 2장 44-45절은 "믿는 사람이 다 함께 있어 모든 물건을 서로 통용하고 또 재산과 소유를 팔아 각 사람의 필요를 따라 나눠 주며"라고 기록하고 있다. 오순절 성령강림 사건 이후 제자들의 삶에는 엄청난 변화가 생겼다. 첫 번째는, 제자들이 담대하게 길거리로 나아가 복음을 전하기 시작했다는 것이다. 예수께서 겟세마네 동산에서 체포당하시던 때에 이를 목격한 제자들은 겁에 질려 현장에서 달아나 흩어져 버렸다. 그랬던 그들은 오순절 성령체험 이후 성령의 권능을 받고 담대해진다. 그들이 정서적으로 멀리하고 꺼려했던 사마리아는 물론, 유럽과 인도 같은 먼 곳까지 나아가 복음을 전했다. 제자들 대부분은 예수를 위해 기꺼이 순교하는 일이 일어난다. 성령께서 제자들을 통해 하신 놀라운 일이다.

두 번째는, 제자들은 공동체 안에서 함께 살아가는 이들의 사회-경제적 필요를 보고 자신 손에 쥐고 있는 것을 펴서 서로 통용하고 필요에 따라 나누기 시작했다. 4장 마지막 부분에는 바나바가 자기 소유의 밭을 팔아 그 값을 가지고 사도들의 발 앞에 뒀다고 되어 있다. 이는 오순절 성령체험 이후에 각 사람의 관점과 마음 안에 크나큰 변화가 일어났음을 뜻한다. 이 당시에도 돈, 노동, 일터, 시장 등의 가치가 존재했다. 로마제국의 지배체제와 신분제 사회를 제외한다면 어느 수준에서는 각자 자기 능력에 따라 일정한 수준의 부를 쌓을 수 있었다. 이러한 배경에서 볼 때, 제자들의 변화된 삶은 더 많이 소유하고 더 많이 축적하며 필요하다면 주변 사람들의 것을 빼앗아서라도 욕심을 채우고자 하는 인간 본연의 악한 본성을 거스르는 일이다. 세상 모든 사람들이 자기 자신과 가족, 그리고 자신의 이해관계를 위해 모든 힘과 자원을 투여할 때, 성령을 체험한 사람들은 세상과는 다른 일상, 탁월한 라이프스타일로 살아간다는 것을 보여주는 놀라운 사건이다.

무엇이 성령의 역사일까. 한 때 적잖은 한국교회들은 꽤 오랜 시간을 가시적인 은사들을 성령의 역사로 정의했다. 방언과 예언, 병 고침, 축사 같은 것들을 성령충만함의 증거로 여겨 왔다. 교회건물의 외적인 확장과 선교지에 교회 숫자가 늘어나는 것 또한 중요한 지표로 여겨 왔다. 물론, 이들 또한 성령께서 하신 일이다. 한국교회 역사에 있어 중요한 결과물이라 할 수 있다. 그러나 지금 우리가 살고 있는 이 시기에는 내면적이고 인격적이며 비가시적인 면에 주목함이 맞지 않을까. 특히, 갈라디아서 5장 후반부에 나오는 성령의 아홉 가지 열매로서의 사랑, 화평, 오래 참음, 충성, 온유, 절제 등은 지금처럼 물질주의와 혈기가 난무하는 시대에 더더욱 필요한 내면적 기초요 삶의 토대가 될 것이다. 여전히, 눈에 보이고 파격적이며 규모 있는 영적인 현현도 중요하겠지만, 우리 주변의 안 믿는 이들 앞에 잔잔하고 차분하게 덕이 되고 본이 되는 성품과 인격이 중시되는 시기가 아닐까 생각해 본다. 특히, 지금처럼 한국 사회 전체가 선교지화 되어가는 이 때는 더더욱 그렇다.

목사로서 일터를 경험하다

나는 본래 평범한 지역교회 소속 부목사였다. 한 주 내내 설교 사역, 심방 사역, 제자양육 사역, 경조사 사역 등으로 사역 스케줄이 꽉 채워져 있었다. 하루하루 꽤 보람 있고 능숙하게 수행하고 있었다. 하지만, 어느 순간 하나님께서는 나를 새로운 시대에 새로운 사역으로 이끄시기 위해 '창조적 파괴'를 주저하지 않으셨다. 전통목사로서의 모델, 전통목회 이론에서 벗어나 교회 밖 시장과 일터 기반의 나만의 사역론을 스스로 만들며 살아가게 하셨다.

비즈니스 현장에서의 7년, 내가 얻은 것은 무엇일까. 솔직히, 직장 생활 첫 3년은 잘 기억나지 않는다. 입사 전까지만 해도 나는 그저 평범하디 평범한 지역교회 목사였다. 30대 중반인데도 사회-경제 활동을 위한 역량은 단 하나도 개발한 적 없는 '걍 못난이 직원'이었다. 그래서 첫 3년은 선배 직원들 사이에(특히 20대 젊은 직원들 사이에서) 이리 치이고 저리 치이며 눈치 보며 일했던 것 같다.

감사한 것은, 꽤 빠른 시간 안에 일터에서 사람을 배워오고 업무를 배워갔다. 인사노무팀장, 총무를 거쳐 마지막엔 짧게나마 대표를 역임했다. 각 단계별로 그 나름의 관점과 필요, 도전 등을 겪었다. 지금은 일터에 몸담고 있는 우리 성도들의 애로사항을 들으면 대충이라도 공감할 수 있다. 치열한 일터에서의 사투를 뒤로하고 주중 새벽예배와 수요예배에 한 번 나오는 것이 얼마나 어려운지, 빠듯한 재정상황 가운데 매번 헌금을 제대로 내는 것이 얼마나 어려운지, 여름 시즌에 소중한 정기휴가를 내서 해외 아웃리치 한 번 떠나는 일이 얼마나 어려운지... 아주 조금이나마 경험할 수 있었다. 마냥 지역교회 목사였을 땐 잘 체감하지 못 했던 것들.

일터 속에서 선교를 경험하다

내가 비즈니스 현장에서 얻은 것들 중 가장 소중한 한 가지는, "비즈니스 그 자체가 선교가 될 수 있다"는 확신이었다. 지역교회 부목사로 있을 때만 해도 내게 있어서 우리 성도들의 일터는 그들의 선교 사역지라기보다는 그저 '속된 곳에서 돈을 벌어 거룩한 곳으로 돈을 옮기는 하나의 과정' 정도로 생각했다. 물론, 설교 때 가끔 "여러분의 일터가 여러분의 선교지", "교회는 여러분을 세상으로 파송한다"고 나눴다만, 설교하는 입장에서도 그게 무슨 뜻인지 그게 어떤 매커니즘으로 구현되는지에 대한 이해가 거의 없었다. 그저, 우리 성도들이 어떤 과정으로든 열심히 돈을 벌어 정성껏 헌금해 주시면, 그 재정으로 건물 교회를 중심으로 한 목회사역과 선교사역이 잘 진행되는 것, 그 뿐으로 여겼다.

하지만, 직장인으로 시작하여 중간관리자 그리고 대표까지 역임했던 그 짧은 7년간 내가 경험했던 것은 "일터에 서 있는 나의 존재와 나의 일상을 통해 내 주변의 누군가가 그 모든 일상 속에서 예수의 체취와 온기를 느낄 수 있고, 이는 분명 선교적 임팩트"가 된다는 것이다. 실제로, 종종 직원들과 깊은 대화를 할 때 이런 이야기를 들었다. "팀장님, 저는 팀장님이 목사인 걸 진작에 알고 지켜보고 있었습니다. 그 동안 TV를 통해 교회와 목사들에 대해 안 좋은 인상을 가지고 있었는데, 팀장님을 오래 마주하다 보니 목사란 이들이 나쁜 사람들이 아닌가 봅니다.", "대표님, 제가 교회에서 상처 받아 신앙을 버린지 몇 년 되었는데 하루하루 대표님의 일상을 보며 마음에 변화가 있었습니다. 이제 다시 성경을 보기 시작했고 기도를 하기 시작했습니다." 자주는 아니지만, 이런 식으로 몇 명과 선교적으로 매우 의미 있는 교제를 나누기 시작했다. 요컨대, 교회를 떠난 이들이 교회로 돌아오고, 교회에 반감 있는 이들이 호감으로 돌아서는 일들을 경험했다. 이 작은 나로 인하여.

일터 그리고 선교의 기회

　위와 같은 이야기들은, BAM 장(場)에서 자주 접할 수 있다. 기업 대표든 중간관리자든 일반사원이든, "비즈니스 그 자체로서의 선교"를 추구하는 이들마다 모두들 저런 스토리들을 여럿 가지고 있다. 그리고 그 중심에는 '비즈니스 세계 속에서 복음을 아는 자로서 살아감'이라는 강력한 긴장감과 책임감이 존재한다. 물론, '내가 큰 맘 먹고 복음을 전했더니 강력한 회심이 발생했다'는 이야기도 있지만 대부분은 하루하루 일상 속에서 우리의 의사결정 과정과 사소한 삶의 면면들이 안 믿는 누군가에게 노출된 결과물이다. 순식간에 일어나는 직접적인 회심 이야기도 있지만, 오랜 시간 동안 우리가 누군가 앞에서 묵묵히 또한 꾸준히 복음을 삶으로 보여야 하는 경우도 많다. 그런 가운데 촉촉하고 사소한 작은 변화들이 정말 많다.

　중요한 것은, 일터 상황 속에서 안 믿는 이들이 늘 우리를 바라보고 있다는 사실이다. 일터 상황은 매일 믿는 자들의 삶이 안 믿는 자들 앞에 정기적으로 영향력을 끼치게 만든다. 그리고 여기에서 선교의 기회가 발생한다. 다만, 우리 자신 안에 복음의 긴장감과 책임감이 높은가 그렇지 않은가는 또 다른 문제다. 아무리 세상의 장벽이 높을 지라도 우리 안에 잘 자리 잡은 복음의 텐션은, 반드시 실제적인 변혁으로 이뤄진다. 한 개인 안에 온전히 자리한 복음은, 그의 가정과 일터에 영향을 끼치고 이는 사회적, 경제적, 환경적 변혁을 만들어 낸다. 그 강력함이 흘러넘쳐서 주변 환경을 변화시킨다. 그리고 이 때 성도들 각자는 그 '세상을 다스리시는 하나님의 성품과 사역을 드러내는 출구 역할'을 한다.

　지금 이 시대 복음을 전함에 있어서 이미 검증된 다양한 전도방법론도 필요하겠지만, 어쩌면 일터 속에서 꾸준하면서도 한결 같은 성도의 겸손과 사랑, 수고와 섬김 또한 큰 힘을 발휘할 수 있겠다. 특히, 코로나 시즌으로 인해 많은 사람들의 내면과 사회-경제 상황이 날이 갈수록 피폐해지고 있다. 적잖은 이들이 자본주의의 어두운 면을 겪고 있다. 우울과 좌절, 착취와 왜곡 등 다양한 부정적 사회문화가 경험되고 있다. 바로 이런 시기에 하나님의 백성들이 남다른 삶의 양식을 보여줄 때 그 선교적 임팩트가 다른 어느 때보다 크지 않을까 생각해 본다.

선교지 BAM기업 이야기

BAM 즉 '비즈니스 그 자체로서의 선교'가 힘을 발휘하는 곳은 창의적 접근지역이다. 창의적 접근지역이란 해외 선교지들 가운데 가장 들어가기 힘들고 들어가서도 직접적으로 복음을 전할 수 없는 곳들을 말한다. 대표적으로 무슬림권, 힌두권, 공산권 국가들이 있다. 창의적 접근지역이라는 표현 그대로 창의적으로 접근해야 들어갈 수 있고 또 열매를 거둘 수 있다. 비즈니스는 이러한 국가들에 들어갈 수 있는 하나의 주요한 방식이다. 교회로서는 들어갈 수 없지만 일로서는 들어갈 수 있기 때문이다. 이들 나라와 지역들 대부분이 빈곤과 기아, 저개발 상태 속에 있다. BAM 사역은 현지인과 마을공동체, 국가 안에서 그들에게 선한 영향력을 끼친다.

얼마 전 공산권 한 국가에서 10년 넘게 BAM 사역을 해오던 미국 국적의 디아스포라한인 기업가를 만났다. 2014년쯤 처음 인사를 나눴던 분으로, 그의 사업은 코로나-19 직전까지 해당 국가에서 300명을 고용하는 회사로 성장했다. 처음 그 나라에 들어가서 자리 잡던 때만 해도 그 나라 사람들의 텃세가 심했다. 현지인 직원들이 대표를 대놓고 무안하게 만들고 때로는 저주와 욕설을 퍼붓는 경우도 다반사였다. 자신들이야 어차피 국가에서 '이곳에 가서 일하라'고 정해져서 일하는 입장에서, 미국 국적의 기독교인이 자기 나라에 와 있는 것이 싫었던 것이다. 감시와 통제가 극심했던 그 나라, 뇌물과 뒷돈 없이는 아무 것도 할 수 없는 그 나라에서 이 대표는 수년간 묵묵히 '복음을 아는 자'답게 살았다. 복음을 말로 전할 수 없는 상황 속에, 하루하루 복음을 삶으로 보여줬다. 그런 가운데 그의 기업은 많은 풍파와 도전을 겪으며 나날이 성장했다.

어느 날, 지역 정부관리가 새로 부임하여 이 회사를 방문했다. 회사 현지인 직원들 두 명 앞에서 대표에게 뇌물을 요구했다고 한다. 그 때 한 현지인 직원이 나서서 회사 대표를 대신하여 정부관리에게 강하게 어필했다. "우리 회사, 그런 회사 아닙니다." 직원은 그 정부관리를 한쪽으로 데려가 잘 설명하고 타이르고는 돌려보냈다고 한다. 그 현지인 직원은 이 회사를 처음 창업할 때 회사 대표 면전에 욕설과 저주를 퍼붓던 사람으로, 3년 동안 대표 옆에서 생활하며 그의 말과 행동이 많이 달라져 있었다고 한다.

일터에서 실현하는 하나님 나라

그 밖에도, 현지인 직원들 대부분은 회사에 아주 강한 자긍심을 가졌다. 보통 현지인 직원들의 입장에서, 그들의 정부와 지역관리들은 늘 그들을 감시와 통제의 대상으로 여겼으나, 이 회사에 출근하면서 그들은 날마다 대표로부터 사랑과 존중의 언어를 경험한다. 태어나서 처음으로 '인간다운 대접'을 받으며 '노동에 합당한 대가'를 받으니 당연한 것일 수 있다. 해당 국가는 지역 간 이동을 엄격히 금지하고 있었는데, 이 회사는 현지인들 사이에 입소문이 나서 전국적으로 '꼭 들어가고 싶은 회사'가 되었다. 인접국가의 대기업들이 그 땅에 들어와 많은 이들을 돈의 논리와 돈의 힘에 따라 현지인들을 착취하고 괴롭히는 모습을 보며, 해당국가와 지역사회 안에 이 기업의 가치는 나날이 상승하고 있다.

이런 일터 환경 속에서, 현지인 직원들 여럿은 회사 대표에게 조용히 다가와서 묻는다. "당신의 인격과 성품을 보니, 당신이 믿는 그 하나님에 대해 궁금해 졌습니다. 좀 알려주십시오." 순간, 대표는 현지인 직원들의 반응을 보며 그 차디차고 냉혹한 공산주의 사상 한복판에 선 하나님 나라를 느낄 수 있었다. 창의적 접근지역 비즈니스 현장을 통해 바로 그 곳에 하나님의 영역을 구축했고, 그의 삶을 통해 하나님의 사랑과 공의를 드러낸 것이다. 일터 현장 속에서 BAMer를 통해 하나님의 체취와 체온을 느끼는 이들의 숫자가 늘어나는 것이다. 이것이 바로 일터 현장에서 살아내는 복음의 능력이다.

물론, BAM이 선교의 모든 것은 아니다. 누군가는 복음을 전하고 교회를 세우며 제자양육에 전적으로 집중해야 한다. 또, 누군가는 비영리단체들을 통해 음식과 물 같은 생필품들을 공급해야 한다. 질병과 지진 같은 끝없는 재난 속에서 당장 하루하루 필요한 식료품의 공급이 중요한 지역에서는 NPO(Non-profit Organization) 활동이 너무나도 중요하다. 다만, 제4장에 소개될 BAM 기업가들처럼, 누군가는 선교지에 들어가 양질의 일터 환경을 만들어 현지인들에게 일자리를 주는 일을 해야 한다. 그러나 "일자리가 최고의 복지"라는 표현처럼, 중장기적으로는 한 개인이 꾸준하고도 정규적인 노동이 필요하다. 수입창출 활동에 참여함으로 인간으로서 마땅히 누려야 할 근엄성과 자신감을 영위

함 또한 너무나도 중요하다. 아침에 눈을 뜰 때, 일하러 갈 곳이 있고 내가 땀을 흘려 보람과 만족을 느낄 수 있다면, 그 기분은 그 어떤 것과도 바꿀 수 없다. 국내와 해외를 통틀어, 건강한 일자리는 한 개인뿐 아니라 지역공동체와 국가를 건강하게 만든다.

일개 직장인? 하나님 나라 일꾼!

BAM은 선교지 BAM기업 대표들만의 이야기가 아니다. 2019년에 열린 IBA 서울컨퍼런스에서는 A대기업에서 화장품 연구-개발을 담당했던 한 선임연구원 이야기가 많은 이들의 큰 관심을 불러 일으켰다. 그가 몸담고 있던 대기업은 화장품 업계에서 국내는 물론 글로벌 시장에서도 높은 수준의 경쟁력을 자랑하는 회사였다. 그만큼 회사의 매출 규모와 고용인원도 컸던 곳이다. 이 연구원은 그 수많은 직원들 중 하나였다.

어느 날 이 연구원이 말씀 한 구절을 묵상한다. "하나님이 지으신 그 모든 것을 보시니 보시기에 심히 좋았더라." (창세기 1장 31절) 많은 성도들에게 매우 익숙한, 아주 유명한 구절이다. 그날따라 형제의 마음에 이 말씀이 깊이 꽂힌다. 말씀을 읽으며 자신의 일터가 떠오른다. "하나님께서 처음 이 세상을 만드시고 심히 좋았다고 하셨는데, 지금 우리 회사가 생산하고 있는 상품 원료와 상품 제작공정 속에는 이런 창조세계의 아름다운 가치가 담겨있지 않구나. 오히려 원가절감이라는 이유로 값이 싸고 인체에 유해한 재료를 쓰고 있고 하나님이 만드신 환경을 파괴하는 요소들이 많구나." 이후에 이 형제는 지속가능한 화장품 소재를 개발하고, 실제로 상품 생산공정에 이 묵상을 적용한다. 1kg당 발생하는 CO2를 절반으로 줄이고 용매대신 물을 이용한 공정으로 환경오염을 최소화 했다. 제조 시 발생하는 부산물을 퇴비화하며, 100% 재생이 가능한 소재를 개발했다. 지금이야 환경에 관한 관심이 많기에 이런 친환경 공정을 실천하는 것이 좀 더 쉬울지 몰라도, 형제가 회사에서 이 일을 수행하던 당시만 해도 회사 전체적인 저항이 있었다고 한다. 결국엔, 얼마 후 그의 묵상과 실천이 담긴 새로운 상품이 출시된다.

형제의 간증을 들으며 이런 생각을 했다. "하나님 보시기에 이 얼마나 귀한가. 하나님의 마음이 얼마나 시원할까." 수 천 수 만 대기업에 출근하는 인파 속에 어느 날 '하나님 나라를 품은 단 한 사람'이 그 분의 말씀을 사모했다. 그 한 말씀을 붙들고 자신의 일터에서 실제적인 변혁을 일으키려 애쓰는 이 모든 과정이... 얼마나 아름다워 보였을까. 대기업 임원들과 세상 소비자들이 보기엔 그저 '환경적 가치를 담은 또 하나의 신상품' 정도로 여겨졌을지라도, 하나님은 다르게 보셨으리라 믿는다. 말씀 묵상에서부터 일터에서의 실천까지, 참으로 귀하다.

극강한 자본의 힘 vs 하나님의 아버지 되심

국내에서든 해외 선교지에서든 '복음을 살아감'은 결코 쉽지 않다. 시대와 세대 속에서 겪는 역풍이 워낙 거세기 때문이다. 특히, 세상 모든 사람들이 '자본의 논리'에 충실하다. '돈의 힘'에 휩쓸려 자발적으로든 비자발적으로든 온갖 유행에 따라가고 다양한 기회에 편승하려 한다. 성도들 한 명 한 명이 하나님 나라 백성으로서 그들 삶 가운데 놓인 여러 상황들을 예리하게 분별해 내고 하나님 보시기에 좋은 선택을 한다는 게 여간 쉬운 일이 아니다. 로마서 12장 1-3절에 나오듯 우리

몸을 "하나님이 기뻐하시는 거룩한 산 제물이자 영적 예배"로 드리는 것, 매순간 우리가 몸담은 "이 세대를 본받지 말고 오직 마음을 새롭게 함으로 변화를 받아 하나님의 선하시고 기뻐하시고 온전하신 뜻이 무엇인지 분별"하는 것, 그리고 "마땅히 생각할 그 이상의 생각을 품지 말고 오직 하나님께서 각 사람에게 나누어 주신 믿음의 분량대로 지혜롭게 생각"하는 것은, 정말로 치열한 사투를 벌이며 애써 거슬러 올라 초월하지 않는 이상 '그냥 되는 대로 사는 이들'에게는 결단코 불가능한 일이다.

앞서 사도행전 2장에 나오는 성령 충만을 경험했던 초대교회 성도들이 보여준 '자본의 힘을 뛰어 넘는 라이프스타일'은 지금 이 시대와 세대를 살아가고 있는 우리 모두에게 크나큰 도전이 아닐 수 없다. 특히, 빚을 내어 주식에 투자(빚투)하고 영혼을 끌어 모아 비트코인에 투자(영끌)하는 지금의 시대상은 단순히 "주식 투자가 옳으냐? 비트코인 투자가 옳으냐?"라는 진부한 질문을 넘어 "대체 믿는 이들의 마음 속에 무엇이 들었는가? 그것이 진짜 복음적인가? 우리는 어떤 원리로 살아가는 사람인가?"라는 근본적인 질문을 하게 한다. 뒤처지고 잊혀질 것에 대한 두려움을 표현하는 포모(FOMO; Fear of Missing out)는 이 시대 많은 이들 안에 자리 잡은 강력한 불안과 공포를 대변한다. 이는, 우리 성도들에게 "하나님이 우리를 먹이시고 입히시는 아버지라는 사실이 지금 우리의 현실에서 무엇을 의미하는가"에 관한 진지한 도전을 던지고 있다.

중요한 것은 청지기 정체성

지금 이 때, 크리스천으로서 회복해야 할 한 가지가 있다면 그것은 바로 '청지기 의식'다. 청지기의 사전적 정의는 "주인이 맡긴 것들을 주인의 뜻대로 관리하는 위탁관리인"을 말한다. 얼핏 봐서는 무언가를 자기 소유처럼 다루는 것처럼 보일지라도, 실제로 그에게는 주인이 따로 있어 주인의 뜻에 따라 일하는 사람을 말한다. 창세기 1장 26-28절을 보면, 하나님께서 하늘과 땅의 만물을 지으시고는 사람들을 만들어 "모든 것을 다스리게 하자"고 말씀하신다. 그리고는 그들에게 복을 주시며 "생육하고 번성하여 땅에 충만하라. 땅을 정복하라. 모든 생물을 다스리라."고 하신다. 얼핏 보면 하나님께서 모든 것을 만드시고 사람에게 일방적으로 모든 권한을 줘버리는 것 같이 보일 수 있다. 그러나 성경의 강조점은 '하나님이 주인, 인간은 청지기'이다. 인간에게는 하나님이 만드신 피조세계를, 그 분의 뜻을 위임 받아 잘 돌보고 관리해야 할 책임이 있다.

안타까운 것은, 하나님이 만드신 창조세계가 훼손되었다는 것이다. 창세기 3장에 나오는 인간의 타락 이후로 사람과 사람의 관계가 깨어졌다. 그들이 속한 사회 공동체는 점차 그 온기를 잃어왔다. 하나님께서 선물로 주신 자연환경이 더럽혀지고 망가졌다. 그 중심에는 인간 내면 안에 있는 죄성과 이를 통해 끊임없이 양산되는 온갖 질투와 탐욕, 음란 등의 요소들이 있다. 앞서 <예수가 답이라면 무엇이 문제인가>라는 질문을 던지며 소개했던 UN의 17가지 과제들 역시 근본적으로는 '청지기십의 실패'가 원인이라 할 수 있다. 우리 모두가 '진정 하나님을 주인삼아 하나님의 뜻에 따라' 사람과 사람이 서로 존중하고 사랑하는 사회를 만들었다면, 동식물들을 아끼고 보호해 줬다면, 그리고 자연환경을 소중히 여기며 잘 가꿔냈다면 과연 지금과 같은 총체적 어려움이 일어났을까 하는 깊은 아쉬움이 있다.

바로 그런 차원에서 우리의 이웃을 존중하며 사랑하는 것, 동물을 아끼고 보호하는 것, 자연환경을 소중히 여기며 잘 가꾸는 이 모든 일에, 우리 크리스천들이 사명감을 가지고 앞장섰으면 하는 바램이 있다. 우리 크리스천들이 이미 파괴된 환경에 안타까운 마음을 가지고 친환경 혁신기술 개발에 앞장서고 플라스틱 사용을 줄이는 등의 행동에 적극 앞장섰으면 좋겠다. 물론, "지구의 멸망을 막기 위하여" 혹은 "더 나은 세상을 만들기 위하여"도 적절한 구호일 수 있다. 하지만, 우리 크리스천들에게는 근본적으로 창세기 1장의 창조명령과 청지기로서의 남다른 부르심이자 명분이 있다는 사실을 기억했으면 좋겠다.

남다른 동기, 동력, 과정, 그리고 보상

대학생-청년들의 주요 관심사 중 하나는 "나는 장차 어떤 일을 할 것인가?"이다. 이는 미래의 진로를 결정할 때 정말 중요한 질문이다. 그러나 보다 근본적인 질문이 있다. 내가 어떤 일을 하느냐보다 더 중요한 것은 "그 일을 하려는 나는 누구인가?"인 것이다. 내가 어떤 일을 하든지 간에 '나의 존재에 따라' 그 일이 어떻게 될 것인가가 결정된다. 나는 누구인가 라는 이 질문이 해결되지 않으면, 내가 어떤 포지션에서 어떤 일을 하든 그 열매는 아름답지 않을 수 있다.

여러분이 소셜벤처를 창업할 수 있다. 대기업 안에서 직장인으로 일 할 수도 있다. 유튜버가 될 수도 있고, 예술가로 살 수도 있다. 운동선수가 될 수 있으며, NPO 활동가로 살 수도 있다. 중요한 것은, 우리는 하나님을 모르는 이들과는 '근본적으로 다른 삶을 살아가는 이들'이다. 일하는 동기(Motive)가 다르고, 일하는 동력(Source)이 다르다. 열매 맺는 과정(Process)이 다르며, 보상에 대한 기대(Reward)도 다르다. 우리가 이 부분에 대한 '차별점이 전혀 없다'고 한다면 우리는 적잖은 이들의 삶이 그렇듯 자본의 논리에 휩쓸려 돈의 노예나 좀비처럼 살 수 있다. 돈이 있을 때는 기고만장 하다가도 돈이 없을 때는 자존감이 바닥을 친다. 돈이 있는 것만이 인생의 미덕처럼 느껴지고 돈 없으면 확 비참하고 초라해진다. 우리의 자녀들에게도 이런 삶의 양식을 물려주게 된다. 그러면서 평생을, 처음부터 끝까지 돈만 바라보며 돈에 의해 움직인다.

우리는 하나님 앞에 서 있는 존재다. 선교적 사명을 받은 이다. 우리 자신을 제대로 정의하며 살아가야 한다. 그럴 때에야 세상의 풍파가 거세고 대중문화가 화려함으로 반짝 거리며 과학기술이 우리를 압도하려 할 때 우리는 휩쓸려 가지 않을 수 있다. 우리는 세상의 다수 사람들과는 차별화된 존재다. 전혀 다른 방식으로 일들을 풀어갈 테니. 그런 면에 있어서 "나는, 정말로 복음을 아는 자인가?"는 '선교적 삶'에 있어서 굉장히 중요한 질문이다.

하루하루, 하나님 사랑 이웃 사랑

비즈니스 세계를 살아갈 우리 크리스천들이 하루하루 붙들고 살아갈 단 하나의 말씀이 있다면 그것은 누가복음 10장 26-27절이 아닐까 싶다. "네 마음을 다하며 목숨을 다하며 힘을 다하며 뜻을 다하여 주 너의 하나님을 사랑하고 또한 네 이웃을 네 자신 같이 사랑하라." 매일매일 순간순간 우리가 집중해야 할 것은 딱 두 가지다. 나의 하나님을 마음을 다해 사랑하며 예배하고, 내 이웃을 사랑하며 섬기는 것. 그냥 이 것뿐이다. 물론, 비즈니스 리더로서 중장기계획을 짜서 우리 회사의 5년 뒤 10년 뒤를 대비하는 것도 중요하다. 부부가 미리부터 자신들의 노후를 준비하는 것 또한 지혜로운 일이다. 그러나 우리 크리스천들의 기본 단위는 '하루하루'이고 기본 사명은 '하나님 사랑, 이웃 사랑'이다.

이미 많은 BAMer들이 비즈니스 세계 속에서도 이 원칙대로 살고 있음을 본다. 그들이 국내에 있던 해외 선교지에 있던, 자신이 있는 그곳에서 하루하루 '하나님을 경외하며 그 분과 연결되어 있음'에 집중한다. '그 날 내게 붙여주신 이웃을 마음을 다해 사랑하고 섬김'에 집중한다. 그들이 처한 일터 환경 속에서 하루하루 그렇게 살아간다.

다시 한 번 강조한다. 비즈니스 세계 속에서 살아갈 때, 우리 모두 청지기 신분임을 기억하길 바란다. 우리가 늘 주인 되신 하나님 앞에 서 있는 존재임을 기억하길 바란다. 회사법인이 비록 법-제도적으로는 나의 이름으로 등기가 되어 있을지라도 우리 마음과 실제 삶의 태도를 통해 '진짜 주인이 누구인지', '누구의 뜻을 따르고 있는지' 우리의 삶을 통해 잘 드러나면 좋겠다. 주어진 자산도 마찬가지다. 우리가 지속가능한 일상을 살기 위해 하나님 안에서 우리에게 허락된 재정을 지혜롭게 관리할 필요가 있다. 동시에 이 모든 재정의 근원과 주인이 누구인지를 묵상하면서 사용하면 좋겠다. 이러한 '일상의 거룩함'으로의 부르심과 초대가, 목사나 선교사들에게만 주어진 것이 아니라 '비즈니스 세계를 살아가는 모든 성도들에게' 공히 주어짐을 기억하면 좋겠다.

제2장

일터와 노동, 그리고 그리고 우리의 영성

한 사람이 채석장 옆을 지나다가 일하고 있는 한 무리의 석공들을 만났다. "무얼 하십니까?" 한 석공이 해머로 바위를 내리치면서 고단한 눈빛, 굳은 표정으로 퉁명스럽게 반응한다. "보시다시피, 돌 깨고 있지요". 그 옆에서 돌을 깨고 있던 다른 사람이 힘주어 말했다. "가족들을 위해 열심히 돈 벌고 있지요." 잠시 정적이 흘렀다. 그 옆자리에 있던 다른 석공이 고개를 들고 미소 지으며 뜻밖의 답을 건넨다. "성전을 짓고 있습니다."

이들의 대답은 이들의 인생이었다. 일에 대한 관점은 다만 관점이 아니다. 이미 그들의 관점은 그들의 인생을 결정하고 있다. 세 사람은 자신이 하는 일에 대한 관점만 다른 것이 아니라 그 삶도 완전히 다른 삶이다. 이 세 사람은 같은 직업을 가지고 동일하게 돌을 깨고, 돈을 벌고, 동일하게 성전을 건축하고 있으면서 어떻게 이렇게 다른 대답을 했을까? 그것은 다름 아닌, 그들의 노동관 때문이다.

성경적 세계관과 노동

다양한 노동관

일터에는 자신이 하는 일에 대한 다양한 관점을 가진 사람들이 있다. 첫 번째 사람은 저주설의 노동이다. 노동을 하늘이 내린 천형처럼, 저주처럼 여긴다. 두 번째 사람의 노동은 방편설의 노동이다. 그의 노동은 생존의 방편이다. 일은 다만 돈벌이, 밥벌이의 수단이다. 마지막 사람은 소명설의 노동이다. 그의 노동은 하나님의 소명이나 거룩한 목적을 가진 행위며, 자신의 신앙의 구현이고, 그의 예배며, 신에 대한 즐거운 헌신이다. 일터에서 이런 관점의 차이가 가져다 주는 삶의 질은 형언하기 어려울 정도로 큰 차이가 있다.

오늘도 우리의 일터에서 "바쁘다" "힘들다" "피곤하다" "쉬고 싶다"는 소리로 가득하다. 우리의 일상 그리고 각자의 일터에서 내가 할 수 있는 말은 다만 이것뿐이란 말인가? 우리 인생의 1/3, 7일중의 6일을 사는 현장이며, 내 삶의 내용이다. 노동을 고통으로 여기며, 내게 죽음이 찾아와 그 천형으로부터 나를 자유케 하는 날까지 다만 처절한 삶을 살아가는 것만이 전부라고 말하며 살 순 없다. 또한 생계의 수단으로 여기는 삶도 별반 다를 바 없다. 열심이 일한 결과로 생계를 영위하는 것을 넘어 부와 지위와 힘과 명예를 가질 수 있다고 할지라도 어느 날 늙고 병들고 모든 것들이 나를 떠나가는 순간, 내 삶에는 수고와 슬픔만 남을 것이다. 그러나 우리의 노동과 직업과 일은 고통 그 이상이며, 수단 그 이상이다. 예수께서 '그 눈이 밝아야 온 몸이 밝을 것이라'고 하셨다(눅11:34~35). 바른 가치관과 세계관을 가져야 한다. 바른 노동관은 절실하다.

우리는 무엇을 하든지 평생 일하며 살고, 일을 통해 자신의 존재를 실현한다. 믿음의 사람들은 그가 하는 일에 그의 신앙을 구현하며, 자신의 일터에서 뜻있는 선택과 의미 있는 결정을 통해 더 아름다운 세상을 만들어 간다. 그러나 자신의 일을 저주와 고통으로 여기는 사람은 성실하고 정직하게 일할 이유도 없고, 창조적이고 효율적으로 일할 이유도 없다. 자신의 일터가 변하여 더 나은 세상이 되는 일에 자신을 헌신 할 마음은 더욱 없다. 자신의 일을 돈벌이, 밥벌이나, 자아실현의 방편으로 여기는 사람의 형편도 마찬가지다. 자신의 생존을 넘어 지위와 힘을 얻는 일에 유익하다면 불의와 타협하기 쉽고, 그러나 혹 불이익이 될 수 있다면 불의 앞에 직면해 서기는 더욱 쉽지 않을 것이다. 그러나 자신의 일을 신의 소명이라 여기는 사람은 다르다. 하나님이 보내신 자리에서, 명하신 일을 하는 사람은 자신의 일을 통해 의로운 세상을 구하는 것은 마땅한 선택이며, 그의 의무요 사명일 것이다. 고난과 역경에도 그것을 극복할 힘을 하늘로부터 구할 것이며, 힘들고 거친 일일수록 하늘의 상급이 크다 여기며 기뻐할 것이다.

성경적 노동관

노동은 창조주의 인간 창조 목적인 피조 세계에 대한 정복과 통치의 구체적 실천이며, 인간의 존재적 사명이다. 그러나 인간은 하나님께 불순종하고 대적함으로 타락했고, 그 결과 하나님의 형상을 잃어버리고, 그 사명을 온전히 수행할 수 없는 존재가 되었다. 노동의 현장과 환경인 일터는 하나님의 저주아래 놓였다. 창세기 3장에는 다음과 같이 기록되어 있다. "땅은 너로 인하여 저주를 받고(17절)... 땅이 네게 가시덤불과 엉겅퀴를 낼 것이라"(18절). 이 저주로 인하여 인간의 노동은 수고를 더해야만 했다. 이 때부터 노동은 인간의 고통이 되었다. "너는 네 평생에 수고하여야 그 소산을 먹으리라"(17절). "네가 흙으로 돌아갈 때까지 얼굴에 땀을 흘려야 먹을 것을 먹으리니" (19절). 이것은 신이 인간에게 내린 형벌이었다.

그러나 성경은 그리스도안에서 우리의 일의 의미와 가치와 목적이 회복되었다고 가르친다. 성경은 인간의 존재적 소명을 새롭게 하며, 우리의 일에 대한 생각을 깨우친다(고후5:17). 그리스도 안에서 회복된 우리의 노동은 하나님의 영광(고전 10:31)과 이웃사랑(행20:34~35, 딤전 6:18)을 위한 축복의 명령임을 재발견한다.

교회 역사에서 중세 기독교는 노동관이 왜곡된 시대였나. 그리하여 소명을 이원론적으로 적용하였고, 소명을 가진 성직자(Clergy)와 소명이 없는 평신도(Laity)로 구분하는 잘못을 범하였다. 그러나 종교개혁

자들에 의하여 모든 신자가 사역자임을 강조하는 만인 제사장주의에 근거하여 모든 이들의 직업 소명을 회복시켰다. 그리고 노동은 신성한 하나님의 창조 법칙과 명령으로, 자신에게 부여된 일생의 의미와 가치임을 강조했다. 또한 노동을 예배의 하나로 이해하며, "노동은 기도요. 기도는 노동이다."라고 가르쳤다. 칼뱅은 "노동은 이웃사랑의 표현이며, 경제행위의 목적은 하나님과 이웃사랑이다."라고 말했다. 종교개혁시대에 이르러 성경적인 바른 노동관이 재확인된 것이다.

성경은 이미 우리에게 게으름과 나태를 꾸짖으며, 노동의 의미와 가치와 보람을 가르쳤다. "게으른 자여 개미에게 가서 그가 하는 것을 보고 지혜를 얻으라... 게으른 자여 네가 어느 때까지 누워 있겠느냐 네가 어느 때에 잠이 깨어 일어 나겠느냐. 좀더 자자, 좀더 졸자, 손을 모으고 좀더 누워 있자 하면 네 빈궁이 강도 같이 오며 네 곤핍이 군사같이 이르리라"(잠6:6-11). 바울 사도는 "너희 손으로 일하기를 힘쓰라"(살전4:11)고 가르쳤으며, "누구든지 일하기 싫어하거든 먹지도 말게 하라"(살후3:10)고 강하게 질타했다. 우리의 노동에는 땀을 흘리는 수고가 따르지만, 하나님은 그 수고에 정직한 보상과 열매를 약속하신다. "눈물을 흘리며 씨를 뿌리는 자는 기쁨으로 거두리로다. 울며 씨를 뿌리러 나가는 자는 반드시 기쁨으로 그 곡식단을 가지고 돌아오리로다"(시126:5~6). 그렇다. 우리의 노동은 거룩한 것이다. 우리는 무슨 일을 하든지 그 일을 통해 하나님의 영광을 목적하며 일해야 한다 (마5:16, 고전10:31, 골3:17, 벧전4:11).

성속이원론의 수정

성속이원론(聖俗二元論)은 하나님이 창조하신 세계를 거룩한 영역과 속된 영역으로 나누고 분리해서 이해한다. 이는 비성경적인 것이다. 서구 기독교 안에 자리 잡은 이원론(Dualism)은 '육은 속되고, 영혼은 고상한 것'으로 여기는 헬라의 플라톤 철학으로부터 왔다. 동양의 불교, 힌두교, 유교, 노장사상 등에서도 노동은 정신적인 일보다 고상한 것이 될 수 없다고 가르쳐 왔다. 이런 이원론적 구분에 의하여 계급과 신분의 차별을 가져왔고, 육체노동을 기피하게 된 것이다. 오랫동안 동시앙의 이런 사상적 영향이 한국 사회만 아니라 한국 교회 안에도 깊이 뿌리내려있다.

교회와 관련된 일은 거룩하며, 직업과 관련된 일은 세속적이라는 생각이 지배하고 있다. 성직자와 평신도, 신앙과 이성, 주일과 평일, 사역과 사업, 예배와 일상, 신학과 학문, 영감과 상식, 초자연과 자연 등에 대한 이원론적인 구분으로 신앙은 통전적이지 못하고, 분리적이 된다. 그 결과 우리의 신앙생활은 교회 안에 머무르는 교회 활동이 되고, 일상의 삶이 없는 종교적인 것이 된다. 창조하신 세계의 전 우주적 통치와 영광을 온전하게 인정하지 못하고, 교회와 세상을 비롯해 모든 문제들을 분리적이고 대립적으로 생각하는 이분법적 오류에 빠지게 된다. 교회의 모든 활동은 무조건 의로운 것, 선한 것, 거룩한 것으로 여기고, 세상의 모든 활동을 무조건 속된 것, 악한 것, 심지어 사탄적인 것으로 여기며 정죄한다. 일터에서의 노동을 고통으로 여기며, 생존의 방편 그 이상으로 여기지 못하게 되며, 직장과 일터에서 창조주의 명령으로서 노동 명령에 온전하게 순종할 수 없게 되는 것이다.

온 땅과 바다와 그 가운데 있는 만물은 모두 하나님의 것이다(신 10:14, 대상29:11~12, 느9:6). 존재하는 무엇이든지 하나님께서 창조하지 않은 것이 없으며, 하나님께 속하지 않은 것도 없다. 온 세상은 그분의 것이며, 그분이 통치하신다. 성경은 "하나님이 지으신 그 모든 것을 보시니 보시기에 심히 좋았더라."(창1:31) "하나님께서 지으신 모든 것이 선하매 감사함으로 받으면 버릴 것이 없나니" (딤전4:4), "하나님께서 '깨끗하다(聖)' 하신 것을 네가 '속되다(俗)' 하지 말라." (행10:15) 했다. 네덜란드의 신학자 아브라함 카이퍼는 자유대학 총장 취임사에서 "인간존재의 모든 영역에서 만물의 창조주께서 '내 것이다' 외치지 않는 것은 단 하나도 없다."고 말했다.

성속이원론은 비성경적이다. 참된 신앙은 하나님께서 창조하신 세상을 성속(聖俗)으로 구분하지 않는 일원론이며, 그것은 영적이며, 또한 실제다. 신앙은 실제적인 우리의 일상의 삶과 결코 분리될 수 없다. 대천덕 신부는 "물질적인 것과 영적인 것은 분리될 수 없다. 물질적인 문제는 기도와 영적 전쟁 없이는 해결될 수 없으며, 영적인 문제는 현실의 삶 즉 실제적인 문제를 직면하지 않고는 해결될 수 없다."고 했다. 세계는 성속으로 분리될 수 없는 하나의 세상이다. 우리는 삶의 전 영역에서 하나님의 주되심(Lordship)과 그의 통치하심을 인정하며 살아야 한다.

우리가 하나님이 지으신 세상을 분리하지 말아야 한다며, '일원론(Monism)'을 말할 때에 반드시 경계해야 할 것이 있다. 그것은 선과 악에 대한 구별이 없는 세속적 혼합주의(Syncretism)다. 세상을 분리하지 말아야 하지만, 선과 악의 구별은 해야 한다. 불의한 것을 의롭다 하거나, 옳은 것을 틀렸다 해서 안되며, 결코 악한 것을 선하다 해서도 안 된다. 죄와 불의에 대한 바른 분별이 필요하다. 그렇지 않고는 우리가 세상을 변혁 시키기는커녕, 도리어 세속에 정복당하고 말 것이다. 교회는 비윤리적이고, 반사회적인 일들을 경계해야 한다. 우리는 그동안 '교회', '사역', '선교'란 명분 아래 적당하게 불의를 눈 감고, 온갖 편법과 불법과 탈법들을 슬그머니 용납하는 일들이 많았다. 그동안 거룩한 미명 아래 우리가 행하였던 어떤 불의도 더 이상 용인해서는 안 된다.

거룩한 하나님 나라의 일은 반드시 거룩한 방법을 통해 이루어져야한다. 거룩한 일을 세속적 방식으로 이루려는 모든 시도들을 서로 경계하고 멈추게 해야 한다. 세속적인 방법으로는 결코 하나님 나라를세울 수 없다. 그러나 우리가 이 땅에 사는 동안 이 세상과 분리하거나, 혹은 구별하는 것으로는 결코 세상의 복음과 메시지가 될 수 없다.이제 우리는 성육신적 삶으로 그리스도께서 보내신 세상 속으로 들어가야 한다. 우리 삶은 그분의 메시지가 되고, 이 세상의 빛과 소금이되어야 한다.

창조 명령으로서의 노동

하나님은 전능하신 창조주이시다. 아무것도 없는 무에서 온 세상을 창조하셨다. 하나님은 당신이 만드신 만물을 보시고 흡족해하시며"보시기에 심히 좋았더라" 하셨다(창1:31). 우리는 하나님이 지으신 최고 걸작품인 인간에 대한 당신의 말할 수 없는 기쁨을 발견한다. 하나님은 당신의 형상을 주신 인간과 함께 언약을 맺으시며, 당신의 창조목적에 따른 축복과 사명을 부여하셨다.

"하나님이 이르시되 우리의 형상을 따라 우리의 모양대로 우리가사람을 만들고 그들로 바다의 물고기와 하늘의 새와 가축과 온 땅에기는 모든 것을 다스리게 하자 하시고 하나님이 그들에게 복을 주시며하나님이 그들에게 이르시되 생육하고 번성하여 땅에 충만하라. 땅을정복하라, 바다의 물고기와 하늘의 새와 땅에 움직이는 모든 생물을다스리라 하시니라." (창1:26-28)

인간 창조의 목적과 방법

하나님은 당신의 형상을 따라 인간을 창조하셨다. 인간 창조의 목적은 당신이 지으신 만물을 다스리게 하기 위해서이며, 궁극적으로 하나님께서 영광을 받으시기 위함이다. 여기에 인간의 청지기적 삶(Stewardship)이 있다. 하나님의 소유인 만물을 맡아서 관리하며 다스리는 것이 인간의 삶이다. 우리는 하나님을 경외하며, 그 명령을 따라 순종하며 하나님의 피조 세계를 청지기로서 관리하며 다스려야 한다. 이를 통하여 우리는 하나님께 영광을 돌리게 되는 것이다.

인간 창조는 창세기에서 반복하여 언급된다. 창세기 1장(26~28절)에서는 요약적으로, 후에 창세기 2장(4~25절)에서는 인간 창조 중심으로 구체적으로 설명되고 있다. 2장에서 인간 창조 이전에 인간에 대한 첫 언급이 기록되어 있다(창2:5). 하나님의 인간에 대한 의도를 읽는다. 하나님은 "땅을 갈 사람"(창2:5), 즉 '일하는 존재'를 창조하신 것이다. 여섯째 날에 흙으로 인간을 빚으시고 그 코에 당신의 생명을 불어 넣으심으로 창조주의 형상을 가진 생명, 만물을 다스릴 존재로서 일하는 인간을 지으셨다. 하나님께서 인간에게 주신 당신의 생명과 형상은 하나님과 교제하기 위해서임은 물론이요, 무엇보다 하나님의 목적을 수행할 수 있는 존재로서 지으신 것이다. 인간은 하나님의 형상(IMAGO DEI)이다. 일하시는 하나님은 당신의 형상을 따라, 일하는 존재인 사람을 창조하셨다.

창조 언약: 축복과 명령

창조 언약은 창조주 하나님께서 온 세상을 창조하신 후에, 피조물인 인간과 맺으신 최초의 언약이다(창1:26~2:3). 창조 언약의 내용은 인간에게 주신 세 가지 축복, 결혼과 노동과 안식이다. 명령형으로 되어 있어 창조 명령이라 한다. 여기서 결혼 명령은 하나님의 목적을 성취하기 위한 조건이며, 노동과 안식 명령은 동전의 양면처럼 하나의 짝(pair)으로 인간 창조의 목적이다.

결혼: "생육하고 번성하여 땅에 충만하라"(창1:28, 2:18~25). 결혼 명령이다. 하나님은 아담에게 그에게 부여된 사명을 위해 돕는 배필 하와를 주셨다. 한 남자와 한 여자의 만남을 통한 이 결혼 제도는 하나님의 창조 명령의 실현 방법이다. 우리는 하나님이 제정하신 결혼을 통해 하나님의 창조 언약 가운데 주신 축복을 누리며, 창조 명령을 성취할 수 있다.

노동: "땅을 정복하라, 모든 생물을 다스리라"(창1:28, 2:15). 노동 명령이다. 노동은 하나님의 창조의 목적을 실현하는 방법이다. 우리는 우리의 노동, 즉 땅을 정복하고 모든 생물을 다스리는 일을 통해 하나님의 계획과 목적을 실현한다. 하나님의 청지기, 대리 통치자로서 모든 피조 세계를 정복하고 다스리는 것이다. 그러므로 우리의 '정복'과 '통치'는 하나님의 성품과 주권을 투영하고 반영하는 인간의 '거룩한 사명'(Holy Mission)이다. 우리의 노동은 창조주의 축복이며, 준엄한 하나님의 '창조 명령'이다. 그러므로 일은 인간의 존재적 사명(Work as Mission)이다.

노동 명령은 아담이 에덴동산에서 행해야 하는 구체적인 일로 표현된다. "여호와 하나님이 그 사람을 이끌어 에덴 동산에 두어 그것을 경작하며 지키게 하시고"(창2:15). 그의 일은 하나님이 주신 동산을 지키고 경작하는 것이었다. 여기 '경작하다'(Cultivate)는 말은 후에 '문화'(Culture)라는 말의 어원이 된다. 우리의 노동 명령은 바로 이 땅에 거룩한 '문화 명령'(Cultural Mandate)이었다.

안식: "안식하라"(창2:2~3, 출20:8~11). 안식 명령이다. 하나님께서 일

곱째 날을 복되게 하시고 거룩하게 하신 후 그날을 안식하셨다. 우리로 그날을 거룩히 지키며 안식하라고 보여주신 모범이다. 하나님의 안식은 우리의 안식의 모델(Model)이다. 인류는 결혼과 노동이라는 방법으로 하나님의 창조 언약과 명령을 성취해 간다. 그 과정에서 우리는 안식이라는 우리 삶에 부어주신 축복을 잊지 말아야 한다. 쉬는 것은 죄가 아니다. 창조 때에 주신 창조 언약이며, 창조 명령이며, 우리 인간을 위한 최고의 축복이다.

타락과 창조 명령의 파괴

우리는 창세기 3장에서 성경의 가장 슬픈 사건, 인간 타락 이야기를 읽는다. 인간은 창조주 하나님께서 부여하신 영광스러운 지위에도 불구하고, 뱀의 유혹에 빠져 하나님과의 언약을 깨트렸다. 하나님의 언약을 파괴하고 그의 통치를 떠남으로 인간은 죽은 자가 된 것이다. 그의 능력의 부족 때문이 아니라 언약이 깨어지면서 관계가 단절되고, 하나님의 형상을 잃어버리면서 목적 수행을 위한 능력을 상실했다. 인간은 가장 중요한 하나님과의 사귐을 잃었고, 그리고 정복과 통치라는 하나님의 창조 명령의 실현도 불가능하게 되었다. 현재 인간은 파괴된 상태에서 타락한 가치척도와 세계관, 악한 지혜와 동기로 만물을 다스리고 있다. 그 결과 피조 세계는 인간의 타락과 함께 파괴의 악순환에 놓여있다. 만물은 고통하며 신음하며 구속의 날을 기다리고 있다(롬 8:19~22). 인간에게 주신 세 가지 축복, 노동과 결혼과 안식, 모두 다 깨어졌다.

결혼 - 우리는 인간 타락으로 파괴된 결혼의 현주소를 본다. 인간의 행복인 성의 가치전도로 인한 동성애, 수음, 혼외 불륜과 혼전 성교 등과 그로 인한 급격하게 성장하는 이혼율, 파괴된 가정과 자녀들의 탈

선과 범죄, 에이즈와 같은 질병 등 수많은 파괴된 현상들을 이 세상 가운데서 목격한다. 그 아름다운 축복이었던 성의 상품화, 오늘날 인류를 파괴하고 있는 동물적 욕구의 성적 쾌락 추구를 보라. 왜곡된 성의 목적은 인간의 모든 문화와 예술과 패션을 통해 선명히 드러난다. 깨어진 결혼, 파괴된 가정은 속히 회복되어야 한다. '결혼'에서도 선교적 동기는 상조된다.

노동 - 노동의 영역도 동일하다. 세상은 노동을 고통과 저주라고 생각한다. 인간의 범죄로 인하여 남자에게 주어진 노동의 수고는 하나님께서 내린 죄의 형벌이었다. 인간의 고통은 자연과 노동 환경의 파괴로 인하여 더욱 심화되었다. 인간의 노동은 지나친 욕망에 의한 환경파괴, 무분별한 난개발로 이어지고 삶의 환경은 더욱 신음하고 인간의 생존은 위협받고 있다. 고대로부터 권력과 부를 가진 사람은 사람을 노동의 도구로 삼아 자신에게 임한 노동의 형벌을 회피하려고 하였다. 이것이 노예제도다. 그리고 현대에도 자신의 부를 위해 인간을 노동의 도구로 전락시키려는 악한 고용주들을 볼 수 있다. 노동력 착취, 부당한 임금제도, 구조적인 고용의 모순, 위기의 일터 환경, 과중한 업무로 인한 스트레스, 일 중독 등은 노동의 타락을 여실히 보여준다. 오늘날 나라마다 점점 심해지는 빈부의 격차는 모두 이 악한 경제와 노동의 타락에서 왔다. 여전히 '노동'의 회복은 필연적으로 요청된다.

안식 - 안식의 영역도 마찬가지다. 인간은 참된 쉼을 잃은 지 오래다. 인류는 고대로부터 쉼 없는 노동을 강요당하고 있다. 뿐만 아니라 인간은 미친 듯이 부와 소유를 위해 노동에 집착해 왔다. 인류에게 있는 쉼의 문화를 살펴보라. 고대와 마찬가지로 오늘날도 이 쉼의 시간은 오직 인간의 쾌락추구와 만족을 위하여 존재하고 있을 뿐이다. 타락한 춤과 노래와 술과 성의 문화가 이 안식을 지배한다. 인간의 오락과 유흥은 완전히 참된 가치를 잃었다. 하나님은 안식을 거룩하게 하셨지만, 거룩한 쉼은 사라진 지가 오래다. 기독교인들마저도 참된 안식을 알지 못하며 맛보지 못한 자가 많다. 기독교적인 가치를 담은 놀이문화 하나가 없다 할 정도로, 기독교적 쉼의 문화가 절실하다. 참된 안식이 없어 개인이 깨어지고, 가정이 깨어지고, 사회가 깨어지고 있다. 이제 '안식'도 반드시 구속 되어야만 한다.

이상과 같은 인간의 타락으로 말미암은 창조 명령의 파괴와 가치전도는 오늘 이 세상의 모습이다. 복음을 필연적으로 필요로 하는 깨어진 세상과 전적으로 구원 얻기에 무능력한 인류를 바라보아야 한다. 그때 우리는 이 땅이 그리스도의 복음이 필요한 세상임을 알게 될 것이다. 인간의 타락과 창조 언약의 파괴는 온 우주의 구속과 회복을 요청한다. 이는 하나님의 선교의 동기다. "아버지의 나라가 오게 하시며"

구속과 창조 명령의 회복

회복자 예수. 여자의 후손

창세기 3장에서 우리는 그 진노 가운데서도 하나님의 긍휼과 인간에 대한 사랑의 마음을 읽는다. 창세기 3장은 '인간 타락' 장(Chapter)이며, 하나님의 '구속의 시작' 장(Chapter)이다. 창조주는 당신의 소유를 잃어버리는 그 순간, 즉시 회복을 계획하시며, 당신의 선교를 시작하신 것이다. 하나님의 선교는 온 세상의 구속을 위한 메시아, 구속자인 '여인의 후손'을 계시하고 약속한다. 처녀의 몸에서 나신 예수께서 바로 인류와 온 피조 세계의 구속자시다. 스탠리 엘리슨 이 말한 '원시복음'(Proto-Gospel)은 실로 하나님의 선교(Missio Dei)의 완전한 계획, '마스터플랜'(Master plan)이다(창3:15).

언약의 하나님은 약속하신 예수 그리스도를 보내심으로 인류에게 구원의 길을 열어 주셨다. 이 세상의 회복의 길은 오직 예수 그리스도를 통해서만 가능하다. 예수 그리스도 외에는 우리에게 다른 구원 얻을만한 이름을 주시지 않았다(요3:16, 14:6, 행4:12). 만약 하나님의 독생자 예수 외에 다른 구원 얻을만한 길이 있었다면 하나님께서 아들의 피 값으로 값비싼 내가를 지르며 우리를 구원하려 하시지 않았을 것이다.

구속, 하나님의 관심과 명령

구속은 하나님의 관심이며 하나님께서 하시는 일이다. 성경은 하나님의 피조 세계의 완전한 회복의 의지와 더불어 온 세상 모든 민족을 향한 하나님의 관심을 우리에게 선명하게 보여 주고 있다. 하나님의 궁극적 목적은 인류의 회복과 더불어 하나님께서 창조하신 모든 피조 세계의 회복이다. 하나님은 피조 세계의 청지기인 인간의 구속과 회복을 위해 일하시고 계신다. 당신이 창조하신 피조 세계를 향한 대주재이신 하나님의 관심과 그 사랑을 포기할 수가 없으신 것이다. 하나님의 회복된 백성, 교회로 하여금 이 하나님의 관심과 목적에 동참하라고 명령하신다.

인간 타락 후에 노동환경의 저주와 더불어 그 명령을 수행하는 일은 우리 인간에게 고통이 되었다. 그러나 이제 그리스도 안에서 노동은 회복되고, 하나님의 영광을 위하여(고전10:31) 그리고 이웃사랑을 위한 기회가 되었다. 우리는 이 땅을 다스리고 정복하라는 창조 명령(문화 명령)과 함께 하나님의 위대한 세계 복음화 명령, 대위임령 (the Great Mandate, 마28:18~20)을 수행한다.

일과 일터와 소명

일과 예배

일은 예배다. "여호와 하나님이 그 사람을 이끌어 에덴동산에 두어 그것을 경작하며 지키게 하시고" (창 2:15). 여기에서 '경작'과 '보호'는 '정복'과 '통치'의 또 다른 표현이다. 히브리어로 '지키다'는 'רמש'(샤마르)이며, '경작하다'는 'דבע'(아바드)다. 특별히 'דבע'(아바드)는 창세기 2장에서는 '경작하다' '노동하다'로 사용되었지만, 여호수아 24장에서는 '섬기다', '예배하다'는 의미로 사용되었다. 에덴의 '노동' (הדובע'ABODAH)은 '예배'라는 말을 함의하고 있다.

노동은 우리가 생각하는 '거룩한 예배' 만큼이나 '거룩한 노동'이다. 남자 아담만 아니라 여자인 하와도 노동이라는 거룩한 창조 명령에 아담을 돕는 배필로서 동일한 축복과 의무를 가지고 창조되었다. 그러므로 남녀 모두 이 거룩한 노동의 명령으로부터 자유 할 수 있는 자는 아무도 없다. 우리의 노동은 하나님의 창조 명령이며, 바로 하나님을 섬기는 거룩한 예배 행위다. 아담과 하와는 하나님이 맡기신 일터 에덴에서 그 아름다운 자연을 보호하며, 그 땅을 일구어 경작하며, 아담과 하와는 하나님의 일을 하고 또 하나님을 기뻐하며 그의 명하심에 순종하며 예배하였던 것이다. 유대 탈무드에서는 "세상은 토라, 아보다, 헤세드, 이 세 가지 위에 세워진다." (Talmud, Aboth)고 하였다. 하나님의 법이며 우리 인간의 규범인 '토라', 그리고 그 법을 따라 살아가는 인간의 모든 삶을 의미하는 '아보다', 그리고 그 위에 부어주시는 하나님의 끝이없는 사랑인 '헤세드'가 세상을 이루어 간다는 것이다. '아보다'는 우리의 노동을 통한 '예배'이며 '삶'이다.

그렇다. 우리는 '일함'(아보다)으로 하나님의 창조 세계를 더욱 아름답고 풍요롭게 하고, 우리는 '일함'(아보다)으로 하나님의 아름다우심을 드러내고, 우리는 '일함'(아보다)으로 하나님을 예배하고, 우리는 '일함'(아보다)으로 하나님께 영광을 돌리는 것이다. 그러므로 우리는 '일함'(아보다)으로 하나님의 영광을 드러내고 그분의 아름다우심을 세상에 전하는 것이다.

일터 사명

일은 사명이다. 하나님께서 그의 백성들을 어둠에서 빛으로 부르시고 그의 은혜와 구원을 받는 자들이 되게 하신다(벧전2:9). 이로써 그분의 나라와 의를 구하며 사는 역사 속의 하나님의 목적의 도구들이 되게 하고(마6:31~33), 세상의 빛과 소금이 되도록 일터 현장으로 보내신다(마5:13~16). 진정한 인생의 성공이란 결국 우리의 존귀하신 하나님의 영광스런 사명을 다하는 삶이다.

일터는 그 사명을 수행하는 자리다. 그리스도인이 갖는 직업에는 죄를 범하는 것이 아니라면 세속적인 직업이 있을 수 없다. 모든 직업은 하나님의 소명이며, 주신 은사를 통해 이루어 가는 일생 사명이기 때문이다. 모든 그리스도인은 언제든지, 무엇을 하든지, 어디에 있든지, 그리스도를 섬기는 일로 부르심(소명)과 보내심(파송)을 받은 것이다. 우리는 주 그리스도를 섬기는 자들이다(골3:22~24).

윌리암 틴데일(William Tyndale)은 "접시를 닦는 일과 설교를 하는 일은 하나님을 기쁘시게 한다는 점에서 동일하다."고 하였고, 패트릭 모레이(Patrick Morley)은 "일은 사역이다"라고 하였다. 그러므로 각자 자신을 보내신 곳에서 주님을 섬긴다는 의미에서는 교회 관련 전임사역과 일반 직업의 차이와 구분은 불가능하다. 우리 하나님은 거룩하시고, 우리를 세상과 일터로 보내신 목적이 거룩하다. 그러므로 우리가 보내심을 받은 자리(聖所)에서 그분의 뜻을 수종 들며 섬기는 모든 일은 거룩한 일(聖役)이며, 주를 섬기는 우리의 모든 직업은 성직(聖職)이다.

성직이라 부르는 목사직도 세속적인 목적과 방법으로 일할 수 있고, 세속 직업이라 여기는 일반 직업도 거룩한 태도와 방법으로 일할수 있다. 그러므로 모든 직업은 그 자체로 거룩하고 세속적인 것이 있지 않다. 그 직업과 일을 수행하는 자의 목적과 태도와 방법에 의해서 거룩하거나 세속적인 것으로 구분해야 할 것이다.

하나님은 우리를 세상 모든 곳, 모든 영역으로 보내셨다. 그러므로 우리의 일과 직업은 하나님의 부르심과 보내심에 사람이 응답하는 거룩한 수단이다. 그러므로 우리가 선 곳에서 아버지의 뜻이 하늘에서 이루어진 것처럼 땅에서도 이루어지도록 일하며 기도해야 한다(마 6:10). 또한 모든 신자들은 자신의 일터에서 그리스도의 증인으로서 소명을 다해야 할 것이다.

"전도자이신 하나님은 그의 백성에게 "하나님과 함께 일하는 자"(고후 6:1)가 되는 특권을 주신다... 평신도 전도를 위한 또 하나의 상황은 직장이다. 대부분의 그리스도인들이 깨어 있는 시간의 절반을 여기서 보내기 때문이다. 또한 직업이란 하나님의 소명이기 때문이다. 그리스도인들은 입술의 언어, 일관성 있는 근면, 정직, 신중성, 직장에서의 정의에 대한 관심 및 특히 다른 사람들이 그들이 하는 일의 내용을 보고 그것이 하나님의 영광을 위하여 행해지고 있다는 사실을 볼 때 그리스도를 증거 할 수 있게 된다... 참된 전도는 가슴속에 그리스도의 사랑이 넘쳐 날 때 이루어진다. 바로 이런 이유 때문에 전도는 예외 없이 하나님의 모든 백성에게 속한 일이다."
『로잔II, 마닐라 선언의 제6항. 증인들』의 내용 중에서 모든 신자들은 자신의 일과 직업에 대해 자긍심과 사명의식을 가져야 한다. 그 일과 일터를 통해 삶의 보람과 성취를 맛보며, 존재 가치와 의미를 재발견해야 한다. 그때, 우리의 일과 직업은 하나님의 나라를 세우는 사역이 된다. 모든 민족과 모든 영역에서 그분의 이름이 높임을 받으시도록, 하늘의 뜻이 땅에서 이루어지도록 우리는 일생, 그일을 목숨을 다하여 이루며 살아야 한다. 그것이 바로 일터 사명(使命)이다. 그러므로 우리의 직업과 일터와 노동(Business)은 거룩하고 영원한 하나님의 나라의 일로서 우리의 사명(Mission)이다.

마지막으로

피터 해먼드는 로잔II 마닐라 대회에서 다음과 같이 말했다. "하나님의 백성 중 90%가 움직이지 않는 것은 비성경적이며, 차별 대우를 받고 있는 것이며, 이는 우리의 세계 복음화 과업을 불가능하게 하는 것이다."

마지막 때에 하나님은 온 세상 복음화를 위하여 총체적 선교와 총동원령을 내리셨다. BAM운동은 '제4의 선교물결'(the 4th Mission Wave)이다. 이제 '모든 이들의 선교시대'가 되었다. 일과 직업을 통한 선교는 구약역사 속에서 근대 선교역사 속에서 거룩한 하나님의 종들이 자신들의 삶의 자리에서 살며 전하며 걸어온 이미 '오래된 길'이며, 오늘날 비즈니스 세계 속에서 다시 발견하는 '새 길'이다(New path in old ways). 모든 신자는 자신의 삶의 일터에서 예배자로, 선교적 삶으로 하나님께 응답해야 한다.

예배, 이제 삶의 예배로! 선교, 이제 일터에서! Be a BAMer!

제3장
BAM, 선교로서의 비즈니스

우리는 복음이 없는 땅과 민족들, 문화권을 넘어가는(Cross Culture 타문화), 또 우리가 함께 살아가는 이웃과 공동체와 우리나라에 하나님나라의 복음이 필요한 모든 이들을 함께 바라본다. 복음이 없는 땅과 민족일수록 더욱 가난과 불평등과 사회적 어둠들이 드리워져 있고, 아픔이 깊고 만연하여 수많은 이들이 고통하며 신음하고 있음을 함께 주목하며 그들을 가슴 깊이 품는다. 우리는 어떻게 이들의 울음을 거두고 진실로 웃게 할 수 있을까? 우리는 어떻게 그들에게 사랑과 정의와 평화의 나라, 우리의 왕 되신 예수와 그의 복음을 전할 것인가? 아니, 우리는 어떻게 그들에게 복음이 될 것인가? 질문한다.

로잔운동의 "온 교회가 온전한 복음을 온 세상에!" (The whole church taking the whole gospel to the whole world)라는 모토처럼, 온 교회가 온전한 복음을 온 세상에 전해야 한다. 창의적 접근지역의 선교전략으로 시작된 Business As Mission은 오늘날 온전한 복음을 요구하고 필요로 하는 세계를 위한 시대적 선교 방법으로 주목 받고 있다.

BAM의 이해와 설명

Business As Mission은 그야말로 '선교로서의 비즈니스'다. 이렇게 간단 명료하게 말할 수 있지만, 실제로는 그리 단순하지 않다. 우리 주변에서 BAM에 대한 다양한 이해들을 만나게 된다. 그것은 BAM을 구성하는 '비즈니스'(Business), '선교'(Mission), 그리고 그 둘을 연결하는 'As', 각 세 단어에 대한 이해가 다르기 때문이다. IBA는 2007년부터 오랫동안 다양한 이견들을 수렴하는 과정과 논의를 해왔다. 그 내용은 다음과 같이 정리해 볼 수 있다.

BAM에서 '비즈니스'(Business)는 기업의 활동일 뿐만 아니라 비즈니스 세계 속에서 살아가는 우리들의 모든 일과 노동과 직업 활동들을 의미한다. 본래 비즈니스는 '물물교환', 물건과 가치, 제품과 가격 혹은 서비스 등을 교환하는 '거래(Transaction)'라는 말에서 왔다. 비즈니스는 단순히 물건을 팔고 돈벌이 하는 일이라기 보다, 소비, 투자, 생산, 유통, 판매, 서비스 등의 전 과정을 일컫는 말이다. 또한 우리의 모든 직업과 심지어 교육, 예술, 문화도 이제 비즈니스 안에서 설명된다. 우리가 살고 있는 세상은 요람에서 무덤까지 삶의 전 과정이 비즈니스 구조 안에 들어있어서 우리의 일상과 결코 분리될 수 없다. 이제 비즈니스는 우리 사회의 모든 영역과 직업과 활동을 설명하는 말이며, 심지어 시장경제와 소비문화 속에 자리 잡은 우리들의 세계관과 문화와 라이프 스타일이 되었다.

BAM에서 '선교'(Mission)는 복음전도와 교회 개척 사역뿐만 아니라 본질적인 '하나님의 일로서의 선교'를 의미한다. 우리는 그 동안 타문화 속에서 복음전도, 제자사역, 교회개척 중심의 선교활동을 '선교'라고 이해해 왔다. 그러나 BAM이 말하는 선교는 인간이 타락하는 그 순간부터 인간과 피조 세계의 구속과 회복을 위한 하나님의 역사를 의미한다. 선교의 하나님(Missio Dei)은 당신의 선교를 위하여 세상에 예수 그리스도를 보내셨다. 또 예수님은 세상 속에 교회를 세우시고, 아버지께서 당신을 보내심처럼 우리를 세상으로 보내셨다(요20:21). 선교는 본질적으로 낮은 곳, 복음이 없는 땅과 민족과 영역을 향한다(사61장). 우리는 보내신 곳에서 우리의 일과 직업의 수행, 선교적 의도를 가진 'Business'를 통해 하나님과 이웃을 사랑하며, 하나님과 그의 나라와 복음을 선포한다. 그러므로 우리의 'Mission'을 통해 세상은 하나님과 그의 나라와 복음을 발견하며, 그 결과로 세상이 하나님과 그의 영광을 보게 되며 하나님을 예배하게 될 것이다.

BAM에서 'As'는 'Business'와 'Mission'을 연결하는 전치사다. 그러나 'As'는 단순한 영어의 '전치사'가 아니다. 'Business'가 'Mission'이 되게 하는 결정타이기 때문이다. 어떤 목적과 비전과 영성으로 그 일을 수행하는가 이다. As는 그리스도의 대계명인 하나님 사랑과 이웃 사랑의 **실천이다.** 미스니스의 과정에서 드러나는 우리의 주 되신 그리스도를 향한 우리들의 삶과 고백이다. 이를 통해 하나님과 하나님의 나라와 복음을 증거하게 되는 것이다. 우리는 그 동안 성속(聖俗)이원론의 영향에 의하여 신앙과 삶을 통합적으로 이해하고 적용하는 일에 실패하였다. BAM에서 As는 거룩한 세계와 세속세계로 분리하였던 우리의 세계관을 보다 총체적이고 통전적으로 통합하고, 우리의 전인적인 삶을 통하여 선교하도록 하는 역동적 에너지다. 일상과 일터에서 행하는 우리의 'Business'가 세상의 구속과 회복을 위한 '하나님의 선교, Mission'이 되도록 우리는 그 과정인 'As의 삶'을 순교적 각오로 살아내야 할 것이다.

BAM 선언문과 정의

우리는 BAM에 대한 이해를 위해서 2004년 발표된 로잔운동의 'BAM선언문(Manifesto)'[1] 을 함께 살펴보자. 다음은 선언(Affirmations) 1~3항의 내용이다. 그 내용은 일과 비즈니스에 대한 성경적 관점이며, 총론적인 언급들이다.

---

1   2004년, 로잔운동의 BAM 이슈 그룹은 1년간 일과 비즈니스에 대한 하나님의 목적과 교회와 선교사역에서 비즈니스 하는 사람들의 역할, 세계의 필요들과 이에 대한 비즈니스의 대응의 가능성에 대해 논의했다. 약 70여명의 리더들이 참여하여 온, 오프라인에서 함께 논의를 하며 60개의 논문, 25개의 사례연구, 여러 번의 다양한 지역에서의 컨설테이션의 결과로 작성된 선언문(Menifesto)이다. 선언문은 확인된 9개의 선언과 2개의 권면으로 구성되어 있다. 아래의 인용문은 한글로 번역된 9가지의 선언 내용이다.

"1) 우리는 하나님께서 당신의 형상대로 남자와 여자를 창조하셨으며 그들에게 자신과 타인을 위하여 창의적으로 좋은 것들을 만들어 낼 수 있는 능력을 주셨음을 믿는다. 그리고 그 능력 중에는 비즈니스도 포함된다. 2) 우리는 예수께서 만나는 사람들의 필요를 항상 일관되게 채워 주셨던 본을 따라야 한다는 것과 이를 통하여 하나님의 사랑과 그분 나라의 법칙을 전파해야 함을 믿는다. 3) 우리는 성령께서 그리스도의 몸 된 교회의 모든 지체들에게 섬길 수 있는 능력을 주셨음을 믿는다. 이 능력은 다른 사람들의 영적 필요와 물적 필요를 채워줄 수 있는 능력이며 이를 행할 때에 하나님의 나라는 명확히 증거 될 것이다."

1~3항은 삼위 하나님의 하신 일을 언급한다. 1항은 성부 하나님께서 하신 일이다. 창조주 하나님은 당신의 형상으로 사람을 지으시고, 우리로 일하는 존재가 되게 하셨다. 우리는 하나님께서 주신 자신과 이웃을 위하여 모든 좋은 것들을 만들 수 있는 창의와 능력을 잘 사용해야 한다. 2항은 예수님의 모범이다. 우리는 예수께서 제자들에게 보여주신 모범을 따라 주의 제자로서 이웃을 사랑하며 하나님나라의 복음을 전파해야 한다. 3항은 성령님께서 하시는 일이다. 성령께서 우리에게 다른 사람을 섬기도록 온갖 은사와 능력을 주셨다. 우리는 주신 은사와 능력으로 몸된 교회를 섬기고, 우리가 만나는 이웃들의 영적, 물질적 필요를 채우며 하나님 나라를 증거 해야 한다.

로잔운동 BAM선언문, 4~9항에서는 총체적 선교 전략으로서의 BAM을 다음과 같이 설명한다.

"4) 우리는 하나님께서 기업인들을 부르셔서 그들이 영위하는 기업에서 하나님 나라의 방식대로 비즈니스를 수행할 수 있도록 준비시키심을 믿는다.

5) 우리는 복음이 개인과 사회와 공동체를 변혁시킬 능력이 있음을 믿는다. 비즈니스를 하는 성도들은 기업을 통하여 이러한 총체적 변혁의 일부를 담당해야 한다. 6) 우리는 종종 그리스도의 이름이 전파되지 않은 곳일수록 가난과 실업이 만연함을 인정한다. 7) 우리는 비즈니스의 발전이 중요하며 절실히 요구 됨을 인정한다. 여기서 더욱 간절히 요구되는 것은 단순한 비즈니스가 아니라 하나님 나라의 관점과 목적과 영향력을 갖는 BUSINESS AS MISSION이다. 8) 우리는 영적· 경제적· 사회적· 환경적 변혁이라는 4대 목적을 이루기 위하여 일자리 창출과 사업체의 증가가 범세계적으로 필요함을 인정한다. 9) 우리는 사업체 내부와 외부에서 세계 각 곳의 다양한 필요를 채워 줄 수 있는, 그리고 이를 통하여 사업계와 그 너머에 까지 하나님의 영광을 드러낼 수 있는, 믿음의 기업을 영위하기 원하는 많은 사람들이 교회 안에 존재함을 인정한다."

4항은 기업인들의 역할이다. 하나님은 기업인들로 자신이 경영하는 기업에서 하나님 나라의 비즈니스를 수행하도록 기업인들을 부르시고 준비 시키신다. 5항은 복음의 능력이다. 또한 개인과 사회와 공동체를 변혁시킬 수 있는 능력의 복음을 가진 성도들의 역할과 소명을 강조한다. 비즈니스에 종사하는 사람들의 소명이다. 6항은 세상의 필요다. 우리로 복음이 없는 땅과 민족 가운데 가난과 실업이 만연함을 주목하게 한다.

7항은 일반적인 비즈니스(Business As Normal)가 아니라, 참된 하나님 나라의 비즈니스(Kingdom Business)로서 그 관점과 목적과 영향력을 가진 BAM의 절실함을 강조한다. 8항은 BAM의 목적인 4가지 변혁이다. 이 목적을 성취하기 위한 다양한 기업들의 등장이 전세계적으로 절실함을 언급한다. 9항은 교회의 잠재력이다. 이러한 전 세계적인 필요를 채우며, 그 영향력을 드러내어 하나님의 영광을 위하여 일할 자원들이 모두 교회 안에 있다는 사실을 언급한다. 선언문에는 이후에 두 가지 권면이 따라오는데, 하나는 그 많은 자원들을 교회가 가지고 있다는 사실을 전제하며 교회들의 역할을 주문한다. 비즈니스에 종사하는 사람들이 자신들의 은사와 역할을 발견하도록 도와서 격려하고 기도하며 모든 민족들에게로 파송하라고 호소한다. 그리고 비즈니스에 종사하는 사람들은 위의 선언문을 적극 수용하고, 영육간의 필요 가운데서 고통받는 이웃들을 위해 자신의 은사와 경험을 어떻게 사용할 것인지를 숙고하도록 요청한다.

선언문에 의하여 BAM을 정의[2]해 보면, 다음과 같다. BAM은 상대적으로 복음의 영향력이 낮은 곳에서 복음을 전하려는 의도를 가진 리더십에 의하여 운영되는 재정적 유지가 가능한 비즈니스로서, 하나님 나라의 가치에 근거하여 개인과 지역사회에서 영적, 경제적, 사회적, 환경적인 총체적 변혁을 가져오는데 그 목적이 있다.

BAM의 3가지 핵심

Business As Mission을 수행하기 원하는 모든 기업들은 다음과 같은 세 가지 방향을 가져야 한다. 처음부터 온전하지 않더라도 지속적으로 노력하며 성장해 가야 한다.

---

2   YWAM에서 내린 BAM의 정의다. "BAM은 하나님 나라 가치와 목적과 관점과 영향력을 가진, 괄목할 만한 지속적인 한 비즈니스를 통하여 한 민족, 또는 공동체를 하나님의 영광을 위하여 영적으로, 경제적으로, 또 사회적으로 변화시키기 위한 특별한 목적을 위한 선교전략이다."

선교적 의도
Missional Intention

하나님나라 영향력이
가장 약한 문화그룹

유지가능성
Sustainability

재정적 유지와 확장
리더의 라이프스타일

선한 영향력
Kingdom Influence

경제적, 사회적, 환경적,
영적 영향력

유지 가능성 Sustainability

기업의 유지 가능성은 기업의 생존과 성장에 관한 이야기다. 한 생명이 세상에 태어나면 가장 기본적인 것은 생명을 유지하고, 건강하고 튼튼하게 자라는 일이다. 기업도 세상에 나왔으면, 생존을 넘어 성장하며 유지 가능해야 한다. 그러기 위해서는 몇 가지 중요한 조건이 필요하다. 모든 기업에 있어서 이윤추구는 가장 중요한 목표 중의 하나다. 그 이유는 기업의 지속 조건이기 때문이다. 그러므로 BAM 기업도 마찬가지로 수익창출을 통해 재무적 성과를 일으켜야 한다. 기업의 정당한 이윤추구는 결코 부정한 것이 아니다. 그래야 지속 가능하며, 성과를 내야 결과인 소득을 배분할 수도 있을 것이다.

BAM 기업이 이상과 목적만 거창할 뿐 시장에서 살아남을 수 없다면 무슨 의미인가? 그러므로 BAM에서 '유지 가능한 진짜 기업'을 만드는 모든 일의 시작이며, 기본이다. 아이는 자란 만큼 힘을 가지고, 역할을 한다. 유소년 시절에도 가진 힘만큼 할 일이 있지만, 그러나 청년이 되고, 장년이 되면 전혀 다른 차원의 일을 할 수 있을 것이다. 그러므로 유년시절에는 자라는 일에 집중해야 한다. 기업의 시작 초기에는 그야말로 오직 유지 가능한 기업을 만드는 일에 집중해야 한다. 기업의 선한 영향력은 성장하고 힘을 가진 후, 그 다음의 일이다.

BAM은 '이윤만 추구하는 기업'(Profit Making Business)이라기 보다 '유익을 추구하는 기업'(Benefit Making Business)이다. 단지 돈을 벌기 위해 비즈니스를 하는 것이 아니라 비즈니스를 유지 가능하게 하여 지속적으로 지역사회에 유익을 더하고, 그 땅을 축복하기 위해서다. 한 기업이 수익창출을 통하여 지속성을 가진 기업으로 세워질 때에 현장에는 일자리가 창출되고, 가난과 궁핍함으로 고통 받던 개인과 가정이 회복되고, 경제적으로, 사회적으로 그 나라와 민족을 회복하는 것이다. 그리고 유지 가능성은 경제적인 문제를 넘어서는 것이다. 실제로 기업은 사회적이어야 하며, 윤리적이고 도덕적이어야 한다. 사회적 경제적 환경적 변혁을 주도할 수 있는 역량을 소유해야 한다. 이를 위해 CEO, 리더십의 신뢰할 만한 역량과 라이프스타일은 중요하다. 그러므로 BAM은 반드시 '괄목할만한 지속적인 한 비즈니스'로 성장해야 한다.

선한 영향력 Kingdom Influence

기업과 비즈니스가 가진 하나님 나라의 영향력이다. 그 기업이 비즈니스를 수행하는 과정에서 하나님의 의를 드러내는 행동과 결정, 윤리 도덕성을 의미하는 말이다. 이것은 가장 중요한 원칙의 하나로 요구된다. 이를 '하나님 나라의 영향력'(Kingdom Influence)을 '선한 영향력'이라고 읽지만, 이는 단순한 '선함'(good)이 아니다. 하나님의 본성인 '토브'(TOV), '선함'에서 비롯되는 것이다. 실제로 BAM은 반드시 '하나님 나라의 가치와 목적과 관점과 영향력을 가진' 비즈니스여야 한다. 그래야만 하나님께서 축복하실 만하며, 또한 선한 영향력을 가져야 선교적 목적을 성취할 수 있다. 그리고 BAM이 목적하는 4가지, 즉 경제적, 사회적, 환경적, 영적인 변혁을 결과하게 될 것이다.

　기업활동에서 가장 우선되는 것은 직장에서 함께 일하는 동료들과의 관계다. 건강한 관계를 맺으며 함께 추구하는 목적과 가치를 세워야 한다. 비즈니스의 성장과 함께 다양한 거래들이 일어나고 다양한 새로운 사람들과의 관계도 형성이 된다. 투자자들도 일어나고, 거래처도 다양하게 생겨난다. 어떻게 함께 자라가며, 하나님의 복을 나눌 것인지 끊임없이 고민하면서 나아가야 한다. 이때에 이 관계 속에서 선한 영향력을 드러나고, 더불어 예수님의 사랑을 증거할 기회들이 생겨난다. 그리고 이후에 지역사회에 확장되고, 점점 더 다양한 필요를 따라 확장되어 갈 것이다.

　지역사회 속에서 성육신적 원리를 적용해야 한다. 그들과 함께하는 것이다. 웃는 자들과 함께 웃고, 우는 자들과 함께 우는 것이다. 지역사회의 소외된 자들과 사회적 약자들을 돌보아야 한다. 그러나 교회가 할 수 있는 일이 있고, 기업이 할 수 있는 일이 따로 있다. 기업이 교회를 대신하려고 해서는 안 된다. 그러므로 지역교회와의 파트너십이 중요하다. 기업과 비즈니스가 가진 시스템은 교회가 가지고 있는 사랑과 봉사와 희생과는 전혀 다르다. 기업과 비즈니스는 공의와 계약이 기본이 되어 움직인다. 기업은 지역사회 속에서 하나님 나라의 목적과 가치를 가지고 오랜 인내와 동행이 필요하다.

　모든 비즈니스 현장은 각기 다른 상황과 늘 다양한 한계를 직면한다. 비즈니스를 할 수 있는 국가 경제와 법률적, 사회적 인프라가 전혀 준비되어 있지 않을 수도 있고, 또한 사회적, 문화적 한계를 가지고 있기도 하다. 이는 나라마다 다르고, 지역마다 다르며, 매일 상황이 다를 수도 있다. 이미 그 나라와 지역 사회 속에 오래 묵은 관행들이 존재한다. 이는 불법, 탈법, 편법들이며, 깊은 관계 속에, 문화 속에 서로 묵인하고 진행되어 온 불문율과 같은 것들도 있다. 이는 국가의 법적 혹은 행정적 규정에 의해 구체적인 규범을 가지고 있는 사회에서도 부패한 관행이 때로는 정상적 행동으로 관례적으로 광범하게 받아들여지고 있다.

우리는 비즈니스가 놓인 나라와 민족이 가진 독특한 문화적 상황에 민감해야 한다. 사회적 변혁을 목적하고 성경적 원칙을 세워야 한다. 묵은 관행과 뇌물 등을 분별없이 수용하는 것은 금해야 하고, 강압적인 상황에서도 가능한 삼가 해야 한다. 그러나 쉽게 남을 잣대로 정죄하지 않아야 하며, 적극적인 관계를 맺으며 허용되는 범위 내에서 지혜롭게 해결해야 한다. BAM 비즈니스는 세상적 기업과 차별화된 윤리와 도덕성이 확실해야 한다. 그때에 사회의 부정과 불의에 맞설 수 있으며, 하나님의 공의가 회복된 사회의 구현에 기여하게 될 것이다.

세상의 비즈니스는 모든 방법을 강구하며, 무한 경쟁과 효율과 이윤 극대화를 추구한다. 그러나 BAM은 어떤 어려움이 닥쳐도 하나님 나라의 통치를 구하며 비즈니스를 해야 한다. 어떤 상황에도 하나님의 법을 따르며, 정의로우며, 정직하고, 약속을 지키며 신실해야 한다. 하나님 나라의 기업문화를 만들어 가며, 바른 노동과 안식의 삶을 보여주어야 한다. 낙심할 만한 일을 만나도 하나님 나라의 상상력과 소망을 잃어버리지 않아야 한다. 결과적으로 지역사회 속에서 신뢰를 얻게 될 것이며, 기업이 가진 하나님 나라의 가치가 영향력을 가지게 될 것이다.

선교적 의도 Missional Intention

복음과 하나님 나라의 영향력이 낮은 지역과 영역과 문화권으로 의도적으로 나아가야 한다. 그 결과는 하나님 나라의 회복이다. BAM 기업을 통하여 총체적으로 사회적, 경제적, 환경적, 영적으로 회복과 변화가 일어나야 한다. 무엇보다 BAM 기업에는 신앙과 행함이 통합된 기업가 한 사람이 참 중요하다. 그 비즈니스 현장의 비그리스도인들이 비즈니스의 과정에서 삶과 신앙이 통합된 영향력 있는 한 사람의 삶을 통하여 그리스도를 발견하고 복음을 알게 되고, 주님께로 돌아오게 될 것이다. 그리고 현지 토착교회가 세워지고 영적 부흥이 일어나게 되고 하나님께 영광을 돌리며 예배하는 일이 있게 될 것이다. 선교는 성경적이며, 전인적이고, 총체적이어야 한다. 단순히 영적 구원에 있지 않다. 선교는 하나님의 창조세계의 회복과 사회적, 경제적, 영적 회복과 변화를 목적하는 것이다. BAM 비즈니스는 분명한 선교적인 목적과 비전을 가지고 있어야 한다.

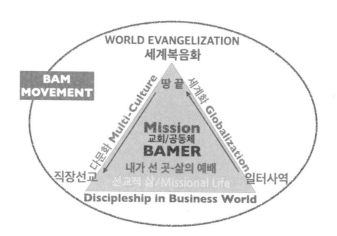

우리가 살고 있는 세상은 비즈니스 세계다. 세상 속에 존재하는 교회와 공동체와 개인 세상 속으로 보내심을 받은 선교적 소명을 감당해야 한다. 그동안 우리는 자신의 일터에서 삶의 예배를 드리며 복음을 전하며 살던 사역을 일터 사역 혹은 직장선교라 했다. 그러나 이제 비즈니스가 만들어가는 세상의 세계화와 다문화와 결과는 이제 우리 집 대문 밖에서 땅 끝 백성을 만나는 상황을 만들고 있다.

이제 비즈니스 세계의 상황 안에서 모든 신자들은 각자 자신의 부르심과 보내심을 따라 자신의 삶의 현장에서 선교적 삶을 살아야 하는 시대가 되었다. 그러므로 이제 한 사람, 비즈니스 세계 속에서 선교적 삶을 살아가는 BAMer들도 세 가지 기본적 조건을 갖추어야 한다. 곧, 선한 영향력, 지속 가능성, 그리고 선교적 의도성이다. 선한 영향력은 하나님의 나라의 백성으로서 그의 삶이 그분의 주재권을 인정하는 삶을 살며, 그리스도의 제자로서 그 길을 살아가는 삶을 말한다. 지속 가능성은 지속적으로 영향력을 미칠 수 있는 조건으로서 반드시 개인의 전문성과 공헌, 그리고 실력과 지속적인 성장이 뒤따라야 한다. 선교적 의도성은 복음이 없는 민족과 지역과 영역으로 기꺼이 자신을 드리는 삶이다. 자신이 가진 현재의 기득권을 버리고 그리스도의 성육신적 삶을 본받아 낮은 곳, 더 낮은 곳으로 적극적 하향성의 삶을 추구하는 것을 의미한다. 그 결과 우리는 한 사람 BAMer의 삶을 통하여, 그가 선 곳에서, 기업가로서 또는 비즈니스 세계 속에 살아가는 그리스도의 제자로서 그의 삶의 자리에 하나님의 나라가 임하는 것을 보게 될 것이다.

창조 명령과 선교 명령의 통합으로서의 BAM

Business As Mission은 창조 명령과 선교 명령의 통합이다. 우리가 하나님의 창조된 사람이라면 창조주의 지엄한 창조 명령(Creation Mandate)으로서 주어진 노동 명령, 즉 문화 명령(Cultural Mandate)을 수행해야 한다(창1:26~28, 2:15). 남녀노소 빈부귀천 유무식을 떠나 그 누구든지 이 창조 명령에서 제외된 사람은 단 한 사람도 없다. 하나님이 인간을 지으신 목적이 그러하며, 우리가 세상에 존재하는 이유가 그러하기 때문이다. 이 땅을 살아가는 우리 모두는 호흡이 있는 동안 우리의 창조주를 기뻐하고 즐거워하며, 그의 영광을 위하여 창조된 목적을 따라 그분의 명령을 수행하는 사람들이 되어야 한다.

모든 신자는 하나님의 지상대명인 선교 명령(Mission Mandate)을 수행하는 일에 예외가 없다(행1:8, 마28:18~20). 죄인 된 우리를 위해 대속제물로 보내신 예수님의 십자가의 죽음으로 우리를 구속하시고 자유케 하신 그 놀라운 사랑에 힘입어 구원받은 우리는 하나님의 구속 계획을 이해하고, 하나님의 세상 구속 역사에 참여하도록 부르신 일에 즐거이 응답해야 한다. 또한 하늘과 땅의 모든 권세를 가지신 하나님과 우리의 구속주이신 그리스도께서 우리를 세상 모든 족속에게로 보내시는 선교 대위임령을 순종하여, 그리스도 재림의 날까지 때를 얻든지 못 얻든지 신실하게 수행해야 한다(딤후4:2).

우리는 이 두 명령을 수행하는 자들이다. 어떻게 이 두 명령을 모두 수행할 수 있을까? 우리는 그동안 마치 하나를 하면, 다른 하나를 할 수 없는 것처럼 여겼다. 사실 선교 명령에 헌신하고, 전임하여 사역하는 목사와 선교사들을 보면서 우리는 결코 저들처럼 할 수 없다고 인정하고, 무의식 중에 각인된 결과다. 그러나 곰곰이 따져 생각해보면,

그 동안 모든 그리스도인들은 이미 동시에 두 명령을 수행해 왔다. 자신의 일터에서 열심히 일하며 이 땅에 선한 영향력을 나누며, 또 만나는 많은 사람들과 함께 그리스도의 사랑을 나누며 복음을 전하며 살아간다. 창조 명령을 수행하면서 선교 명령을 수행해 온 것이다. BAM은 결코 새로운 유행이거나 색다른 이야기가 아니다. 이미 오래된 옛길이다. BAM은 자신의 하는 일을 통해 세상을 섬기고 사랑하며, 그리하여 그리스도의 사랑과 하나님의 아름다우심을 드러내는 삶, 곧 선교적 삶을 수행하는 것이다.

선교는 삶과 분리되어 있지 않다. 선교는 삶과 분리된 다만 말이나 행위에 있지 않다. 많은 오해는 선교는 외치는 말에 있다고 생각하는 것이다. 더 이상 말과 행위가 일치되지 않는 삶으로는 그 누구도 감동시킬 수 없다. 전도가 일상과 분리된 종교적 선포로만 나타날 때 당장은 큰 역사를 이루는 듯 보이지만 실상은 하나님의 선교에 거침돌과 방해가 된다.

선교적 삶은 고상한 헌신의 종교적 행위에 있는 것이 아니다. 선교적 삶이란 내 일상에서 이루어져야 하는 믿는 자의 삶이다. 선교적 삶이란 내가 누군가라는 자기 정체성에 대한 바른 이해이며, 일상에서 구현되어야 하는 우리 모든 그리스도인들의 존재론적 삶의 구체적인 신앙의 행위인 것이다. 하나님은 우리의 일상, 일과 일터에서 우리의 삶, 먹든지 마시든지 무엇을 하든지 하나님의 영광을 위해 살아가는 삶을 통해 영광을 받으신다. 이러한 그리스도인의 삶은 하나님의 이름을 드러내고 전하는 삶인 것이다.

"십자가를 전하는 교회는 반드시 십자가의 흔적을 가져야 한다." 다만, 복음을 살아라, 복음을 삶으로 외치라. 바로 그 삶이 하나님을 드러내고, 하나님의 나라를 선포하며 확정하는 선교다.

총체적 선교로서의 BAM

"온 교회가 온전한 복음을 온 세상에!" (The whole church taking the whole gospel to the whole world) 라는 로잔운동의 모토처럼, 온 교회가 온전한 복음을 온 세상에 전해야 한다. 선교 현장에서 창이저 깁근 시역이 선교전략으로 시작된 BAM은 오늘날 온전한 복음을 요구하고 필요로 하는 세계를 위한 총체적 선교 방법으로 주목 받고 있다. 그렇다. BAM은 총체적 선교전략이다.

"BAM", 비즈니스 선교는 '가난한 자들이 가난에서 벗어날 수 있도록 돈을 벌 수 있도록 도와주자', '그들에게 일자리를 만들어 주자'는 정도의 이야기가 아니다. 그런 일은 일본의 야쿠자도, 러시아의 마피아도 하지 않는가. 그 동안 '영리추구만을 목적하던 회사'를 '사회적 공익을 추구하는 회사'로 바꾸자는 정도의 이야기가 아니다. 공유경제와 사회적 공유를 강조하며 사회운동을 하자는 이야기가 아니다. 그건 이미 오래전부터 일반 기업들도 인류의 보편적인 가치 추구를 중요한 기업의 미션으로 내걸고 있는 일이다. 전 세계적으로 기업 지도와 기업 문화가 바뀌고 있다. 사회적기업 운동도 이미 오래전부터 그런 가치를 추구해 왔다. 우리는 그런 정도의 기업 문화를 바꾸자는 이야기가 아니다.

그렇다면, BAM은 '기업을 통해 일자리를 창출해 주고, 삶의 질을 높이자'는 이야기 아닌가? 그 이야기가 맞다. 기업과 기업가들을 향해 '영리추구만 목적하지 말고 환경을 보호하며, 사회적 약자들을 돌보며, 공익을 위해 사회적 가치를 함께 추구하자'는 기업문화의 변화를 요청하는 이야기 아닌가? 그 이야기도 맞다. 가난과 결핍으로 인간답게 살지 못하는 이들의 아픔을 헤아리며 더불어 사는 방법, 공유경제와 사회운동이 말하는 '함께 사는 세상, 분배 정의를 실천하는 세상을 만들자'는 그 이야기도 맞다. 그러나 이 모든 이야기들을 포괄하고도 중요한 한 가지가 더 있다. 이를 통해 하나님 나라의 복음을 전하자는 이야기다. 아직도 복음을 듣지 못한 사람과 영역과 지역과 나라와 민족을 돕고 하나님 나라를 세우자는 이야기다.

총체적 선교(Holistic Mission)를 말하는 것이다. 로잔운동 BAM선언문(Manifesto)에서도 말했듯이, 총체적 선교를 위한 4가지 변혁을 목적하는 것이다. 비즈니스를 통한 경제적 변혁, 사회적 변혁, 환경적 변혁, 그리고 영적 변혁을 추구하여 하나님의 나라를 확장하고, 더 큰 하나님의 영광을 구하는 것이다. 우리는 그동안 성속이원론의 가치로 인하여 우리의 삶을 거룩한 영역과 세속적 영역으로 분리하여, 우리의 일상과 신앙, 직업과 사역, 비즈니스와 선교가 통합되지 못하였다. 선교의 영역에서도 사회구원과 영혼구원은 분리되어 이해되고 있었다. 이제 우리 삶의 전 영역에서, 일상과 신앙이 통합되고, 직업과 사역, 비즈니스와 선교가 통합되어야 한다. 그리하여 모든 그리스도인들이 삶의 전 영역에서 그렇게 하나님나라의 가치를 살아내고, 우리가 하나님의 나라의 복음이 되고 영향력이 되어서, 그 나라의 비전을 열방에서 성취하는 것이다.

Globalization, 세계화는 비즈니스로 인한 것이다. 비즈니스로 인한 세계화의 결과로 온 세상은 이동하고 있다. 'Target is moving!' 선교 대위임령(Great Mandate)의 World Vision과 갖은 수고와 노력에도 불구하고 우리가 넘어가지 못하던 나라와 민족과 영역 안으로 비즈니스는 쉽게 담장을 넘고, 깊이 들어가고 있다. 코카콜라와 맥도날드가 그렇고, 스타벅스, 구글, 애플, 삼성 등의 글로벌 기업들이 그러하다. 그들이 들어간 땅과 나라와 민족과 지역에서 새로운 문화를 주도하고 있다. 의식주가 바꾸고, 라이프 스타일을 바꾸고 있다.

Evangelization, 복음화는 비즈니스를 통한 것이다. Business As Mission이 바라보는 선교다. 비즈니스 세계 속에서 비즈니스를 정확하게 이해하고 전략을 세워야 한다. 비즈니스는 바로 우리 옆에서, 그리고 땅 끝에서, 세계 곳곳에서 새로운 일들을 시작하고 견고히 하고 있다. 우리는 바로 그 비즈니스 현장, 그곳에서 일하고 있다. 하나님 나라의 복음을 필요로 하는 현장에서 우리는 살며, 일하고 있다. 우리가 그곳에서 하나님 나라의 가치, 목적과 비전이 이끌고 하나님 나라의 의를 실현하는 비즈니스를 펼치고 있다면 그곳에 총체적 변혁(Holistic Transformation)이 결과될 것이다. 더불어 이루어지는 것은 하나님의 나라이며, 높임을 받으시는 것은 하나님의 이름일 것이다. Business As Mission이 바라보는 총체적 관점의 복음화다.

지난 2018년 제7차 NCOWE(세계선교전략회의)를 마치며 작성한 선언문에서도 다음과 같이 확인했다 "우리는 BAM이 선교적 총체성을 구현하는 시대적 전략임을 확인한다". Business As Mission은 비즈니스 세계 속에서 하나님의 나라의 비전과 가치와 원리를 따라 우리의 일상의 일과 직업을 수행하는 그 과정 속에서 하나님의 나라를 세워가는 총체적 복음의 실현이다.

마지막으로

진실로 누가 BAM을 실현할 수 있는가? 자신의 삶에 예수와 십자가의 복음을 경험한 뚜렷한 흔적을 가진 사람이다. 자신이 가진 모든 것은 주의 것이며(Lordship), 자신을 다만 청지기로 고백하는 사람이다(Stewardship). 자신의 재능과 은사를 비즈니스 선교에 사용하여 세계 선교에 동참하려고 하는 사람이다. 하나님의 소명을 확인하고 적절한 훈련을 받은 뒤에 자신의 영적인 은사를 비즈니스라는 상황에 적용하는 사람들이다. 자신의 일과 직업을 사역의 걸림돌로 여기지 않고 오히려 말과 행동으로 복음을 전파하는 중요한 사역으로, 사역의 수단으로 이해하는 사람이다. 복음 영향력이 낮은 나라와 민족과 영역에서 경제적, 사회적, 환경적, 영적 상황을 개선하고, 자신의 삶을 통하여 하나님의 영광이 그곳에 충만하게 회복되어지기를 사모하며 나아가는 사람들이다.

우리의 선교는 자신의 구체적인 삶의 영역에서 진실로 이웃과 민족과 열방의 복이 되도록 살아내야 한다. 복음의 절대성을 부정하고, 반기독교적인 정서가 팽배한 이 시대 속에서 하나님의 사랑을 사는 것이다. 신자유주의 경제와 시장경제 논리 안에서 정당화된 그 돈의 힘에 굴복하며 살아가는 사람들 속에서 하나님의 나라의 백성으로 사는 것이다. 비즈니스 세상 속에서 우리 그리스도인들의 고백과 삶이 통합된 복음은 하나님의 굵직한 메시지가 되고 세상의 큰 울림이 될 것이다. 복음 가시성을 요구하는 시대 속에서 우리의 응전은 다름아닌 비즈니스 세상 속으로 들어간 성도들이 그들 속에서 함께 살며, 일하며, 사랑하며, 그 일과 과정을 통해 드러내는 하나님 나라의 가치와 영향력을 가진 삶이다. 이제 우리가 복음이 필요한 일터와 영역과 지역과 민족과 열방 가운데, '적극적인 하향성의 삶'을 추구하며 기꺼이 그들 가운데로 들어가자.

제4장
국내
BAM 기업가
이야기

제4장에서는 국내 BAM 기업가들의 이야기를 소개한다. 기업 활동을 통해 정신장애인들을 세우고 이들의 꿈을 이뤄주는 삶을 살아온 임정택 대표, 대학생 때 묵상했던 레위기 25장 23절 말씀을 영리 비즈니스로 구현하여 지금 이 시대 부동산 문제를 해결하고자 하는 정수현 대표, 세상을 건강하게 만드는 사회적기업가들을 세우는 소셜벤처 엑셀러레이터 도현명 대표, 비즈니스를 통해 이 시대 고아와 과부들을 섬기는 임미숙 대표까지. 김예채 작가가 직접 대표들을 만나 인터뷰 본문을 정리하였다.

교회 오빠, 성경대로
살아보고 싶어 소명을 택하다

임정택 대표
향기내는사람들

장애인들의 꿈을 이뤄주는 파트너, 그들과 손을 잡다

향기내는사람들은 '모든 장애인들과 함께 행복하게 일하는 세상'을 만드는 비전을 가지고 2008년에 설립된 사회혁신 기업입니다. 장애인 전문가를 양성하기 위해 제조업, 서비스업, 유통업 관련 일자리를 만들어 장애인들이 전문가로 일하고 있죠. 서비스업으로는 장애인 커피 전문가 양성을 통한 전문 커피점 운영사업인 히즈빈스 커피, 스페셜티 커피를 연구하고 핸드드립 커피와 브런치를 제공하는 스페셜티 커피 브랜드 개발사업인 히즈빈스랩 (히즈빈스 커피연구소), 국내 기업을 대상으로 장애인 고용 솔루션 컨설팅을 제공하는 히즈빈스컨설팅이 있습니다. 제조업으로는 히즈빈스 커피공장인 향기제작소가 있는데요, 세계 각국의 커피를 로스팅하고 콜드브루를 추출하는 히즈빈스 로스팅, 베이커리와 디저트 류를 만드는 히즈빈스 디저트 사업을 운영하고 있습니다. 끝으로 유통업인 히즈빈스 로지스틱스는 원두, 콜드브루, 베이커리 등 요식업 관련 상품 및 재료의 유통에 관여하고 있습니다.

인생을 송두리째 바꾼 말씀 한 구절

2008년 5월, 저는 한동대학교 학생이었습니다. 그 당시 비전에 대한 고민 그리고 '어떻게 하나님의 자녀로 잘 살 수 있을까?'에 대한 생각이 깊었습니다. 하나님이 저를 포항까지 부르신 것은 평범하게 졸업해서 다른 사람들처럼 대기업에 입사하고 공무원 시험에 합격하는 것이 아님을 알게 되었죠. 성경 말씀대로, 하나님의 방법대로 살면 어떤 삶이 펼쳐지는지 저도 성경의 인물들처럼 체험해 보고 싶었습니다. 그래서 하루는 하나님께 오늘은 기필코 응답을 받고야 말겠다는 생각으로 7시간을 기도했고, 한 말씀을 받았습니다.

"너희가 여기 내 형제 중에 지극히 작은 자 하나에게 한 것이 곧 내게 한 것이니라."(마 25:40)

이 말씀을 응답으로 받고 그때부터 저는 포항 지역에 살고 있는 장애인, 노인, 저소득층의 사람들을 만났습니다. 이후 약 6개월 동안 정신장애 사회복지 시설에 다니면서 수 십 명의 장애인들과 친해지고 그들의 아픔을 알게 되었죠. 그리고 그들 중 몇 명의 정신장애인들과 더욱 가까워지면서 그들을 통해 많은 것을 배우게 되었습니다.

그 당시 가장 크게 깨달은 것은 장애를 가지고 있는 사람들이 장애 때문에 일을 못하는 것이 아니라, 이들의 강점을 발견하여 일할 수 있게 하는 맞춤형 직업교육과 일자리의 기회가 없기 때문이라는 것을 알게 되었습니다. 또한 많은 장애인들이 일반적인 비장애인들과 다를 바 없이 성실하고 부지런한 사람들임에도 불구하고, 사회적인 편견과 낙인 때문에 상처받고, 세상에서 소외되어 일할 기회조차 얻지 못한다는 사실을 알게 되었습니다. 이분들이 장애를 가지고 있지만 강점대로 일하면 전문가가 될 수 있는 분들인데 이러한 현실이 너무 안타깝고 아쉬웠습니다. 이런 상황을 보며 새로운 꿈을 꾸게 되었습니다. 그것은 바로 '모든 장애인들과 함께 행복하게 일하는 세상'을 만드는 것이었습니다. '장애인들이 자신들의 강점으로 멋지게 일하는 회사가 우리 회사가 되면 좋겠다.' 라는 마음으로 기도하면서 말이죠. 그렇게 2008년 9월, 새로운 일을 시작하게 되었습니다.

향기내는사람들은 제가 응답으로 받은 이 말씀, 마태복음 25장 40절 말씀으로 세워진 기업입니다. 하나님께서 제게 지극히 작은 자 하나에게 하는 것이 예수님께 하는 것이고, 이것보다 귀한 것은 없다는 마음을 주셨습니다. 그래서 이 시대에 지극히 작은 자, 한 사람 한 사람이 하나님께서 만드신 존재만으로 존귀하게 여김을 받고 그들이 행복하게 일하면서 자립할 수 있도록 함께 도울 수 있다면 얼마나 좋을까?라는 생각으로 만든 기업입니다. 현재는 장애를 가진 분들이 본인의 강점을 가지고 자립할 수 있도록 컨설팅, 제조, 서비스업을 통해 많은 장애인들을 전문가로 세워가고 있습니다. 대학교 시절, 비전 때문에 고민이 깊어 간절히 기도했던 제게 하나님께서 응답해 주신 이 말씀 한 구절은 저의 인생을 송두리째 바꾸었습니다. 이 말씀을 주셨을 때 저는 마치 사막 한 가운데에서 나침반과 지도를 찾은 사람처럼 인생의 목적과 방향을 깨닫게 되었고, 그 때부터 제 안에서 말씀으로 역사하시는 하나님의 일하심을 경험할 수 있었습니다. 하나님은 말씀을 통해 저에게 나아갈 길을 보여주시고 새로운 도전을 하도록 격려하셨죠.

지극히 작은 자, 한 사람을 세워가는 '히즈빈스'
소외된 장애인이 한 분야의 전문가가 되기까지

장애인들에 대한 편견을 걷어내고 보니, 그동안 보지 못했던 가능성과 비전이 보였습니다. 장애인들도 함께 성장할 수 있는 동등한 인격체로서 전문 교육과정을 이수하고 일할 기회가 주어진다면 전문가가 될 수 있다는 확신이 생겼습니다. 커피전문점은 개방된 공간에서 하루에도 수많은 고객과 마주해야 하기 때문에 장애인 한 명이 사회구성원으로 자립할 힘을 키우기에 안성맞춤이었습니다. 커피 교육을 반복적으로 하면 장애인들도 충분히 바리스타가 될 수 있다는 확신이 있었고, 커피전문점을 창업한다면 고용을 안정적으로 보장할 수 있겠다는 생각이 들었죠. 기하급수적으로 성장하고 있는 커피시장에 더 많은 장애인을 고용할 수 있을 것이라는 예측도 있었습니다.

수개월의 준비 기간을 거친 후 한동대학교 캠퍼스 안에 개업한 1호점은 오픈한 첫날부터 줄 서지 않으면 먹지 못하는 인기 카페가 되었고, 운영한지 1년 만에 10명의 장애인 바리스타들을 양성하여 함께 일하게 되었습니다. 특히 한 명의 장애인 바리스타에게 지역사회의 일곱 명(정신과 의사, 사회복지학 교수, 사회복지사, 자원봉사자, 점장, 본사의 팀장, 선배 기수 등) 지지하는 '다각적 지지 시스템'과 한 명의 장애인이 직업 전문가가 될 때까지 7단계로 반복 교육하는 '히즈빈스 아카데미'를 통해 시간이 흘러 장애 증상이 약화되고 치료 효과까지 얻게 되는 분들이 많아지게 되었습니다.

향기내는사람들과 함께 하는 장애인들은 대부분 전문가가 되었습니다. 바리스타, 제과제빵 전문가, 로스팅 전문가, 콜드브루 전문가, 디저트 전문가, 전문 강사로 분야도 다양하죠. 그들 중 한 사람은 현재 10년 넘게 일을 하면서 한동대학교 사회복지학부에서 강의를 하시기도 하고, 어떤 이들을 대학에 진학하여 사회복지사 자격을 취득한 후 자신과 같은 장애인들을 동료 지원가로서 상담하며 돕는 역할을 하고 있습니다. 공장(향기제작소)에서 로스팅을 담당하는 실장님은 비장애인들도 어렵다는 로스팅 스킬을 완벽하게 익혀 맛있는 커피를 볶아, 한국커피학회 회장님의 테이스팅을 통해 최고의 커피로 인정을 받기도 했죠.

대한민국의 정신장애인 직업유지율은 18.3%이고, OECD 국가는 약 50%입니다. 그런데 지난 10여 년 동안 운영해 온 히즈빈스의 정신장애인 직업유지율은 약 90%에 이르고 있습니다. 이러한 세계 최고 수준의 직업유지율 결과는 미국과 홍콩의 정신보건 분야 교수들과 전문가들의 주목을 받았고 국제적인 학술지에 정신장애인 직업재활의 성공사례로 등재되기도 했습니다. 45개국의 전문가들이 모인 세계정신재활대회에서 히즈빈스의 김일문 바리스타는 10분간 영어로 소감을 전하는 등 감동적인 사례들이 늘어나게 되었죠. 이들은 더 이상 소외된 장애인이 아니라 한 분야의 전문가로 성장하여 본인의 꿈을 이뤄 나가는 주인공이 되었습니다.

비즈니스는 도구라는 경영철학

저는 비즈니스에서 조화와 균형이 중요하다고 생각합니다. 신앙정체성(영성), 사회복지정체성(한 사람을 위해서 우리는 존재한다), 기업정체성(앞의 두 가지의 가치를 이루기 위해서 기업이라는 좋은 도구를 활용하는 것)을 가지고 움직입니다. 비즈니스는 도구인데 그 도구가 어떤 목적을 위해 사용되느냐가 중요한데, 그 목적은 반드시 사람이 되어야 한다는 것입니다. 여기서 그 사람은 하나님께서 사랑하는 한 영혼, 한 영혼이라 생각합니다. 사람들은 이 세상에서 사회적인 지위, 경제적인 가치로 사람을 평가할 수 있지만 하나님은 하나님께서 만드신 그 존재만으로 사람을 존귀하게 여기고, 사랑하고, 그 존재가 행복하기를 원합니다. 그 존재 한 명, 한 명의 사람들을 목적으로 삼아 그들이 살아나고 복음을 알고, 정말 하나님 안에서 행복을 누리게 하기 위해서 비즈니스라고 하는 좋은 도구를 사용하는 것이 저의 경영철학입니다. 언제나 이 목적에 전도 현상이 나타나지 않게 예민하게 반응하는 것이 가장 중요하다고 생각합니다.

위기, 존재의 이유가 명확해지던 시간

비즈니스를 하면 위기는 매일 찾아오지만 특별히 2014년을 고비로 여러 가지 문제에 부딪히게 되었습니다. 히즈빈스가 매장으로 계약했던 곳들의 계약 기간이 종료되고 보증금과 임대료가 몇 배씩 오르면서 패닉 상태에 이르게 되었습니다. 내부, 외부에서 함께 고민해 주던 전문가들은 장애인 직원들이 너무 많다, 장애인 직원들의 인건비 비율이 너무 높으니 일단은 장애인 직원들의 비율을 1/3 이상 정리하고 인건비 비율을 정상화시킨 후에 다시 비즈니스를 제대로 해야 적자가 나지 않는다고 조언했습니다. 백 번 생각해도 이것이 경영학적으로는 맞는 말이었습니다.

그러나 저는 그렇게 할 수 없었습니다. 향기내는사람들의 목적 자체가 장애를 가진 분들이 각자가 가진 강점으로 성장하고 행복하게 일하는 것인데 이 목적과 맞지 않는 방법이라 여겨졌습니다. 이 상황 속에서 어떤 선택을 해야 할지 고민이 많았습니다. 그때 초창기부터 함께 했던 리더들이 우리 기업이 존재하는 이유가 무엇인지, 지극히 작은 자가 행복하게 사는 것이 목적이라면 다른 비즈니스 모델과 새로운 수익구조를 갖추는 방법을 찾는 것이 옳다는 의견을 냈습니다. 그 당시에는 히즈빈스 카페 사업만 할 때였기에 새로운 돌파구가 필요했던 것이죠. 리더들은 장애인들에 대한 인사정리를 하지 않고 곧바로 다른 비즈니스 모델을 찾기 시작했습니다.

다른 비즈니스 모델은 무엇이 있을지 우리의 정체성과 관련된 일을 찾다가 지금의 히즈빈스 컨설팅을 떠올리게 되었습니다. 대한민국에는 300만의 장애를 가지고 계신 분들이 있는데 이분들은 대부분 일하고 싶어 하고 자립하고 싶어 합니다. 그러려면 기업이 바뀌어야 했어요. 기업들은 장애인들을 채용하고 싶어도 도와주는 곳이 없었습니다. 기업 입장에서는 어떤 장애인을 어떻게 채용하고 교육하며 함께 일해야 하는지 몰랐고, 기업들에게 온전히 부담을 줄 수 없다는 것도 알기에 그 때부터 장애인고용 컨설팅을 시작하게 되었습니다.

히즈빈스 컨설팅 사업은 직원 100인 이상 규모의 고객군인 병원, 학교, 기업 및 공공기관을 대상으로 하여 장애인 의무 고용을 위한 맞춤형 컨설팅을 제공하는 것입니다. 직원 수가 50명 이상이 되는 대한민국의 모든 기업은 전 직원의 3.1%만큼 장애인을 고용해야 하는 법적 의무가 있습니다. 그러나 대부분의 기업들은 장애인 채용의 어려움, 맞춤 직무 제공의 어려움, 직무교육의 부재, 사회복지사 부재, 장애인 고용 실패의 경험 등으로 인해 의무 고용을 충족시키지 못하고 있는 실정이며 그로 인애 고용부담금을 납부하고 있었죠. 이 컨설팅을 통해 기업은 고용부담금 절감이 가능했고 기업의 사회적 책임 실현을 통한 기업 이미지를 향상할 수 있었어요. 장애인들에게는 안정된 고용 기회가 창출되었고요.

첫 1년 정도는 그 과정 속에서 임원진들이 급여도 받지 못하고 고군분투해야 하는 힘든 상황이 이어졌지만 결국 1년 뒤에는 국내에서 유일한 장애인 고용 컨설팅 회사로 성장하게 되었습니다. 중견기업뿐만 아니라 대기업도 컨설팅하게 되면서 저희 기업의 규모도 달라지게 되었고, 장애인 직원들을 한 명도 해고하지 않고 살아남을 수 있게 되었습니다. 1년 동안 너무 힘들었지만 그 시간을 통해서 우리 기업이 왜 존재하며, 힘들 때 무엇을 우선순위로 잡아야 하는지를 다 같이 경험할 수 있었던 아주 좋은 배움이 시간이었습니다.

서로 존중하며 가족이 되어가는 회사

향기내는사람들의 직원은 장애인과 비장애인으로 나뉩니다. 장애를 가진 직원 분들은 종교에 상관없이 섞여 있습니다. 비장애인 직원은 매니저급 이상만 채용하는데 대부분 크리스천입니다. 이 회사에 사명감을 가지고 들어와 자신의 달란트를 사용하며 일하시는 분들이죠. 작년에 제가 몸이 좋지 않아 안식월을 가지게 되면서 새로운 공동대표를 세우게 되었습니다. 그 과정 속에서 조직문화를 많이 바꿨습니다. 호칭부터 영어 이름으로 바꾸고, 수평적인 조직문화를 만들었습니다. 하지만 장애인들에게는 모두가 선생님이라고 부릅니다. 비록 장애는 가지고 있지만 각자의 강점을 가지고 있기에 존중해드리고 싶은 마음이 담긴 호칭이라고 생각하면 될 것 같습니다. 저는 회사를 운영하며 장애를 갖고 있는 분들과 비장애인 직원들이 서로를 어려워하지 않고 정말 한 가족이 되어 살아가는 모습을 봅니다. 그 문화가 가능하다는 것을 저희가 봤기 때문에 장애인과 비장애인이 행복하게 함께 일할 수 있다고 어필하고 컨설팅도 할 수 있게 된 것입니다.

한 영혼을 위한 복음의 통로, 히즈빈스

한 사람이 인간직으로 성장하며 살아가는 데 있어서 일이라는 것이 정말 중요한데요. 일을 가진 후에는 사랑하는 사람을 만나서 결혼하는 것을 꿈꾸는 장애인 선생님들도 많습니다. 저희와 일하는 장애인 선생님 한 분이 42년 만에 일이라는 것을 처음으로 시작하셨고 43년 만에 처음 여자친구가 생기게 되었어요. 선생님의 오랜 꿈은 결혼하는 것이었습니다. 나에게 장애가 있는데 나 같은 인생도 결혼할 수 있을까? 라는 고민을 참 많이 했던 분이었어요. 그것을 놓고 저희가 다같이 기도 했었구요. 그 후 저희 직원들과 선생님이 3개월 동안 기도하며 함께 프러포즈를 준비했고, 그 해 겨울에 두 분은 결혼에 골인하셨습니다. 그 과정을 통해 장애를 갖고 있어도 일도 하고 결혼할 수 있다는 것을 보여주셨고, 우리는 함께 꿈을 꾸며 일할 수 있었습니다.

그 과정을 통해서 하나님께서 이 한 분만 사랑해서 이분에게만 축복을 준 것이 아님을 알게 되었습니다. 이 땅에 많은 장애인들에게 이분을 통해서 하나님께서 어떻게 일하시는지를 보여주셨죠. 하나님이 소망되시고 불가능한 것을 되게 하시려면 한 영혼을 위해서 회사의 사람들을, 사회를 움직여서 한 명을 살려내신다는 것을 보고 경험하게 하셨습니다. 하나님은 세상을 바꾸는 것보다 한 영혼에 관심이 있으시구나 깨닫게 되었습니다. 한 사람, 한 사람을 사랑하셔서 그 사람이 행복했으면 좋겠고, 그 사람의 꿈과 기도제목이 이루어지기를 바라시고, 실제로 그것이 하나님 안에서 이루어지는 것을 경험하게 하셨습니다.

또 다른 케이스도 있었는데요. 저희 기업은 모든 사업장에 기도 원칙이 있습니다. 모든 사업장은 시작할 때 기도로 시작하고 끝날 때 기도로 끝냅니다. 매장에서도 매니저와 선생님들이 함께 손을 잡고 오늘 하루 하나님께서 함께 해달라고 기도로 시작하고, 끝나면 선생님들을 위해 기도해드리고 집에 가도록 합니다. 한 번은 한 선생님께서 매니저님께 묻더랍니다. 왜 이렇게 저를 위해서 기도해주냐고요. 매니저님은 제가 선생님을 너무 사랑해서, 또 하나님께서 선생님을 너무 사랑해서 함께 기도하면서 일하는 것이라 답변했다고 합니다. 그랬더니 그 분이 한 번만 교회에 나가보고 싶다고 말씀하셨습니다. 저희는 하나님께서 하실 일을 알고 있었기에 딱 한 번만 나가는 거라는 농담과 함께 교회에 모시고 갔습니다. 교회에 들어선 선생님은 예배 시작부터 눈물을 흘리기 시작해 끝날 때까지 눈물을 흘리셨습니다. 하나님께서 그 한 번의 예배에 그분의 마음을 터치하신 거죠. 이렇게 자연스레 하나님을 영접하고 복음을 받아들이는 경우도 많습니다.

함께 함의 가치를 추구하는 삶

저희는 비장애인을 뽑을 때와 장애인을 뽑을 때의 기준이 조금 다릅니다. 비장애인은 보통 매니저급 이상의 직무를 감당하게 되는데요. 장애인 직원들도 매니저로 많이 승진했습니다. 이분들에게 제일 중요한 것은 우리 기업의 미션, 존재 이유와 비전이 자신의 비전과 접점이 있고 수용할 수 있느냐가 제일 중요합니다. 또한 정말 장애인분들과 행복하게 일하는 세상을 만들기 위해 나의 달란트를 써보겠다는 마인드를 가지고 있는지 확인해야 하죠. 장애를 가지고 있는 분들을 채용할 때에는 정말 일하고 싶어 하는지, 꿈이 있는지가 제일 중요합니다. 꿈이 명확할수록 저희가 선생님들의 꿈을 이룰 수 있도록 돕기가 좋기 때문이죠. 공통적으로는 모든 장애인들과 함께 행복하게 일하는 세상을 만드는 것을 꿈꿉니다. 한 공간에서 함께 일하다 보면 오히려 장애인 선생님들이 비장애인들에게 엄청난 영향력을 줍니다. 비장애인늘이 장애인 선생님들을 통해서 감동받고 되려 이곳에서 반성하기도 하고 힘을 얻기도 합니다. 함께 함의 가치를 추구하는 삶과 함께 경험하는 것이 저희에게 중요한 부분입니다.

〈히즈빈스에서 함께 일할 때 지키는 7가지 원칙〉

1. 우리는 모든 장애인들과 함께 행복하게 일하는 세상을 꿈꿉니다.
2. 우리는 함께 기도로 일을 시작하고 기도로 일을 마칩니다.
3. 우리는 직원들의 강점을 발견하고 진심으로 서로 사랑합니다.
4. 우리는 일하는 시간 동안 나와 동료의 행복한 성장을 우선으로 여깁니다.
5. 우리는 어떤 어려움에 부딪히더라도 적극적으로 소통하며
   함께 방법을 찾습니다.
6. 우리는 선생님들의 지지자들과 함께 소통하며
   안정적인 직업유지를 위해 노력합니다.
7. 우리는 역량강화를 위해 지속적으로 공부하며 도전합니다.

한 사람을 위한 하나님의 계획이 열방으로 나아가기까지

향기내는사람들의 최종 목표는 두 가지가 있습니다. 첫째는 매일의 삶 속에서 영의 일을 영으로서 하는 것입니다. 성령의 충만함 가운데

하나님께서 하라는 만큼만 하는 것이죠. 사람의 욕심이라든가 사람의 잘못된 목표가 들어가지 않고 하나님의 복음의 목표와 한 사람을 위한 하나님의 계획대로 일하고 있는지가 제일 중요합니다. 두 번째는 하나님께서 일하신다면 세계 열방을 통해 일하실 텐데요. 전 세계에는 10억 명의 장애인이 있습니다. 그 10억 명의 장애인들이 신체적, 정신적으로 장애는 모두 다르겠지만 본인에게만 있는 강점은 분명히 존재합니다. 그들이 그 강점을 가지고 전문가가 되어서 멋지게 행복하게 일할 수 있을 때까지 우리를 사용하신다면 감사히 세계 열방으로 나아간다 라는 비전을 가지고 있습니다.

세상에 외치는 그리스도의 향기

저희는 각 지역마다 매장이 많은데요. 매장이 있는 지역사회 안에서 우리들의 삶으로 보여주는 것이 제일 중요하다고 생각합니다. 히즈빈스는 어느 매장에 가도 장애인들이 일한다고 쓰여 있지 않습니다. 그러나 매니저를 제외한 일하는 모든 분들이 장애인입니다. 처음에는 커피가 맛있어서 오고, 두 번째는 분위기가 좋아서 왔다가 세 번째 즈음 장애인들이 일하는 곳이었다는 것을 알게 됩니다. 손님들이 검색하고 뉴스를 찾아보며 여기 계신 분들이 장애인이라는 것을 알게 되고, 이곳에 담긴 스토리를 궁금해 합니다. 그렇게 검색을 통해 하나님을 믿는 사람들이 하나님이 말씀을 주셔서 시작하게 되었다는 것과 장애인을 고용하고 그들과 함께 하며 하나님의 일하심을 보는 곳임을 대해 자연스럽게 알게 되죠. 이러한 일들을 통해서 하나님 믿는 사람들이 어떻게 살아가는지를 보여주는 것이 저희가 해야 할 역할이라고 생각합니다.

저희 기업의 이름이 향기내는사람들이잖아요. 물론 커피 향기도 있지만 그리스도의 향기를 내는 사람들을 뜻합니다. 향기는 대놓고 드러내는 것보다 은은하게 풍겨오는 것이 더 매력적인데요. 향기는 어느 병에 담겨 있느냐 보다 그 안에 뭐가 담겨있느냐가 중요하잖아요. 플라스틱 병에 있든, 유리병에 있든 그 안에 좋은 향기가 있으면 향기가 좋은 거고, 나쁜 향기가 있다면 나쁜 거죠. 세상에 좋은 통로가 되고 싶은 것은 우리를 통해서 하나님은 이런 분이구나, 하나님은 한 사람을 사랑하시는 분이구나를 알게 되기를 원해서입니다. 하나님은 지위와 경제적인 상황 등에 상관없이 존재만으로 우리를 사랑하는 분이고, 장애 유무에 상관없이 한 사람을 귀히 여기는 분이구나를 알았으면 좋겠어요. 그 하나님을 믿는 사람들은 세상의 가치관과 다르게 하나님의 마음으로 이분들과 함께 일하는 것이구나를 자연스럽게 향기를 내듯이 보여주는 곳이 되었으면 좋겠습니다. 무엇보다도 믿는 우리 지체들이 그리스도의 향기이자 편지니까요. 그렇게 향기를 내다보면 행복한 장애인들이 생겨나는 열매를 맺게 하실 것이라는 것을 믿어 의심치 않습니다.

새로운 비전, 가평 우리 마을

향기내는사람들의 비전으로 오랜 시간 일하다 보니 하나님께서 자연스럽게 다음 스텝으로 넘어가게 해 주셨습니다. 가평우리마을은 이 시대의 지친 이들과 사회적 약자들이 온전한 쉼을 누리고 존엄성이 회복될 수 있도록 다양한 공간과 프로그램을 제공하는 웰니스 리조트입니다. 이곳은 당일 방문도 가능하고 숙박도 가능한데요. 뒤에는 산, 앞에는 강이 있어요. 자연에서 편안히 쉴 수 있으며 그 안에서 묵상하고,

사람들과 교제하고 쉬기도 하며 회복할 수 있는 다양한 프로그램이 준비되고 있는 곳입니다. 당연히 장애를 가진 분들도 호텔리어, 바리스타, 강사, 가이드 등으로 함께 일하고 있습니다. 사람이 쉰다고 하는 것은 단순히 몸만 쉰다고 쉬는 것이 아닙니다. 때문에 쉼에 있어서 아주 깊게 연구한 철학자 중에 조셉 피이퍼라고 있는데요. 이분이 쉼은 영혼의 조건, 마음의 태도라고 했습니다. 몸이 쉰다고 쉬는 것이 아니라 우리의 영과 우리의 마음과 육체가 같이 연결되어 있기 때문에 함께 쉬고 회복되어야 한다고 했거든요. 영혼육의 쉼과 회복을 위한 공간과 프로그램이 준비되어 있는 곳이 가평우리마을입니다. 이곳에서도 하나님께서 지극히 작은 자 한 사람을 통하여 보여주시는 많은 기적을 기대해 주시면 좋겠습니다.

부동산 문제를 해결할
백신이 되고 싶은 기업

정수현 대표
앤스페이스

열정 넘치던 캠페이너가 기업가가 되기까지

저는 교육과 관련된 비영리단체에서 활동하던 캠페이너였습니다. 그 시절 저의 키워드가 비영리, 소셜미디어, 생태계였습니다. 돈 버는 데에 큰 관심 없이 이 3가지 키워드를 가지고 미디어를 활용해서 다양한 아젠다들을 공유하고 그 과정에서 많은 IT 솔루션을 학습하게 되었죠. 또한 '다음세대에게 더 좋은 사회를 유산으로 물려주고 싶다'라는 미션을 가지고 있었습니다.

제가 소셜벤처를 창업하게 된 이유는 크게 두 가지였습니다. 첫 번째는 캠페이너로 활동할 때 공간에 대한 부족 때문에 고생했기 때문입니다. 교육 활동을 하다 보니 공간이 많이 필요했는데 정작 필요한 공간을 찾을 때에는 찾기가 너무 어렵거나 비싸더라고요. 정보를 구하기도 어려웠고요. 온라인 카페 등에서 공간을 쉽게 찾거나 누가 모아놓은 사이트가 있으면 좋겠다는 생각을 하게 되었습니다. 두 번째는 제 주변의 건물들은 늘 임대 포스터가 붙어있고, 비어있는 건물들이 많았다는 것이죠. 실제로 국토부에서 발표하는 상업용 부동산 및 주택 부문 전체적으로 공실이 빠르게 늘고 있음을 확인할 수 있는데요. 강남이나 명동 같은 대형 상권에서도 10% 이상 공실률이 높아지고 있었습니다. 이런 실정이니 지역 상권이나 동네 곳곳마다 비어 있는 공간들을 자주 발견할 수 있는 것이죠.

이 문제를 어떻게 해결할 수 없을까 고민하다가 성경에서 답을 찾았습니다. 레위기에서는 "땅은 하나님의 것이라(레25:23)"는 선포가 있죠. 토지 공개념이 여기서 비롯된 정신이라고 생각합니다. 공개념을 현대판으로 잘 정리해보면 하나님이 만드신 땅의 가치를 모든 사람이 누리고 번성, 충만하게 하여 하나님을 기쁘게 하는 것이 우리 청지기들의 역할입니다. 그러나 현재는 그 자원을 소수가 소유하고 그 소유의 권리를 이용하는 사람들과의 간격을 넓히면서 사회적인 양극화라든지 경제적인 문제가 생기게 된 것이죠. 창의적이고 창조적인 팀과 스타트업들이 많아지면서 공간이 필요한 사람들이 많은데 왜 공간은 여전히 비어있고 왜 매칭이 되지 않을까를 저희는 도시의 막힌 유통의 문제라고 보았습니다. 공간을 소유하신 분들이 적정비용으로 시장에 풀지 않고 쥐고 있기 때문에 생기는 현상이죠.

사실 공유경제를 표방하며 창업을 시작하지는 않았어요. 이 문제를 무겁게 접근하기보다 사용자 중심으로 접근하고 스타트업 방식으로 해결해보는 솔루션을 내보면 어떨까, 우리 나름의 희년의 정신, 토지를 통한 자유, 인간의 기본권을 회복하는 일들을 비즈니스 솔루션으로 만들어보면 어떨까를 고민했습니다. 자연스럽게 제가 가지고 있었던 문제의식을 IT 서비스로 구현하다 보니까 창업을 하게 되었어요. 임대나 공실이 필요한 공간 호스트들을 모으고, 공간이 필요한 사용자들을 모아 그 사이를 매칭해주면 어떨까라고 생각했고요. 이런 정보들을 한

국토부 관계자들에게 앤스페이스 프로젝트 설명 중

공간에 모아 볼 수 있게 해주면 좋겠다는 생각을 현실화 시키면서 실행하게 된 사업이 스페이스클라우드입니다.

앤스페이스가 '도시혁신'을 위해 하는 일

앤스페이스는 공간을 다루고 부동산을 다루는 회사입니다. 조금 더 많은 사람들에게 부동산에서 발생되는 이익을 공동체에 공유하기 위해서(지역, 청년, 여성 등) 가치를 함께 만들어가는 부동산 회사입니다. 돈을 많이 벌고 분양해서 큰 이익을 내는 부동산 회사들과는 조금 다른 결을 가지고 있습니다. 수익활동을 하면서 그 활동을 통해서 사회적 가치를 추구하며 일하고 있습니다. 또한 도시혁신 서비스를 만드는 소셜벤처이기도 합니다. 자기답게 살아가는 크리에이터(스타트업 청년, 작가, 기자 등) 그룹들이 주택을 사거나 사무실을 빌리는 비용, 업무환경 등 도시에서 머무르는 비용이 점점 비싸지고 있습니다. 그런데도 공실은 여전히 많습니다. 저희는 비어있는 공간들이 활성화되어 적정비용으로 사용이 가능해지고, 다양한 기획과 콘텐츠가 공간 안에서 펼쳐질 수 있게 돕는 일을 도시혁신이라 생각합니다.

앤스페이스는 3가지 영역의 일을 하고 있는데요. 대표적으로 MZ세대를 위한 스페이스 클라우드라는 IT 플랫폼을 운영하고 있습니다. 밀레니얼 세대, MZ세대를 중심으로 약 100만 명의 회원이 이용하고 있습니다. 이 플랫폼은 비어있는 시간 동안 안 쓰는 공간을 올리면 다른 사람들이 시간 단위로 빌릴 수 있는 서비스 플랫폼입니다. 이 플랫폼이 열심히 수익을 내주면서 비즈니스적인 지속 가능성을 만들어 주고 있습니다. 두 번째로는 실질적인 도시혁신 서비스를 만드는 사회주택과 창의적인 공간들이 결합한 부동산 개발, 임대, 관리 등의 사업을 진행합니다. 앤스테이블이라는 브랜드를 가지고 있으며 그 안에 공유 오피스와 사회주택을 서울시에서 위탁받아 운영하고 있죠. 앤스테이블은 세입자들의 임대료를 서울시가 출자한 공공형 리츠가 갖고, 앤스페이스는 리츠로부터 장기 운영권을 얻어 위탁 수수료를 받는 구조입니다. 다른 임차 관계처럼 높은 수익이 생기는 것이 아니라 수익성이 따르지 않는 구조인 것이죠. 마지막으로 공간기획 및 개발 프로그램들을 사이드 프로젝트로 진행 중입니다. 이처럼 독특하고 유니크한 로컬브랜드를 만들고 도시를 기획하여 혁신을 만들어가는 기업입니다.

스페이스클라우드,
지금의 플랫폼이 완성되기까지

앞서 이야기 한 대로 처음에는 공간이 필요한 사람들에게 트래픽이
막힌 유통의 문제를 공유라는 것으로 풀어 보자는 생각으로 가볍게 시
작했습니다. 블로그를 하나 열어 누구나 만들 수 있는 워드 프레스를
세팅했어요. 평소 친하게 지냈던 약 10명 정도의 공간대표님들에게
안 쓰는 공간이 있거나 놀고 있는 시간에 이 공간을 에어비앤비처럼
올려보면 어떻겠냐고 제안했습니다. 그렇게 가볍게 시작했는데 얼마
되지 않아 200여 개의 공간들이 금방 모이게 되었습니다. 공간을 가진
대표님들에게 공유경제의 흐름을 타고 안 쓰는 공간부터 조금 쓸모 있
게 만들어 보자라고 설득도 했습니다. 몇 개월 만에 1000명이 가입하
게 되었고, 1-2천만 원의 거래액이 발생했습니다. 초기 모델이었을 때
에는 수수료를 받지 않았기 때문에 매출은 발생하지 않았습니다.

이런 활동을 유심히 지켜보던 많은 임팩트 투자자들 가운데 스타트
업을 지원하는 '소풍'이라는 기업이 저희를 발굴했습니다. 저희가 지
향하는 공유 공간 사업이 사실은 비즈니스적으로 가치가 높다고 평가
했고, 시드 자금을 지원해 주셨습니다. 그 자금으로 사이트를 자동화
했고, 사이트를 플랫폼화 시킨 다음, 천천히 서비스를 키워가고 있었
습니다. 1년 사이에 전국에서 천 개의 공간이 모이게 되었고, 사용자
들도 만 명이 넘게 되었습니다. 여전히 저희가 수수료 모델을 붙이기
전이라 매출은 없었는데요. 직원들에게 월급을 주기 위해 이 시간을
어떻게 버텼냐면 사이드 프로젝트를 많이 병행했습니다. 서울시가 공
급하는 청년공간을 위탁받아 운영했고, 재단에서도 공간을 위탁받아
운영하고, 여러 가지 공유 공간을 기획해서 운영하는 용역사업을 하면

서 이 프로젝트를 키워갔습니다.

이렇게 도시혁신이라는 키워드를 가지고 다방면으로 활동하다 보니 저희 사이트가 성장하고 입소문이 나게 되었는데요. 이것을 지켜보던 다른 투자사에서 연락을 받게 되었습니다. 여러 공간들을 플랫폼으로 엮어 낸다는 것은 굉장히 정보 가치가 높다고 판단을 했던 것 같고, 저희 스스로 가치 있는 관점으로 공간을 공유하겠다는 비즈니스에 공감해 주셔서 임팩트 투자에 가까운 시드 투자를 받게 되었죠. 이 시드 투자 덕분에 기반을 만들고 개발팀을 꾸리고 본격적으로 플랫폼 비즈니스를 할 수 있는 기회들을 얻게 됩니다. 그 덕분에 서비스가 빠르게 고도화되고 자리를 잡을 수 있었습니다. 현재 스페이스클라우드 서비스는 진행한지 5년 정도 되었는데요. 회원은 100만 명 정도로 늘어났고, 공간은 2만여 개가 등록되어 있습니다. 거래액과 트래픽, 회원 수가 모두 급상승하게 되었고요.

스페이스클라우드 운영팀은 코로나-19가 시작되면서 새로운 관점에서 공간 운영자들을 위한 새로운 미션들을 발견하게 되었습니다. 이런 플랫폼들을 통해 새로운 세대들이 공간을 이용하는 방식, 소비하는 방식이 어마어마하게 바뀌고 있다는 것입니다. 부동산 시장의 변화가 시작되었다는 말이죠. 지금 저희에게는 거의 매일같이 건물주 분들의 연락이 옵니다. 코로나-19 때문에 비어있는 공간의 수가 더 많아졌고, 임차인을 구하기가 더욱 어려워졌습니다. 입장이 바뀌어서 소유자 중심, 공급자 중심의 부동산 시장이 사용자 중심, 소비자 중심의 시장으로 변화하고 있는 것이죠. 특히 이 과정에서 저희 같은 플랫폼 비즈니스들이 그 역할을 전환시키는데 기여하고 있다고 생각하고, 이것이 어떤 의미일지 스터디하면서 이 고민을 서비스로 발전시키고 있습니다. 소유자 중심의 부동산 시장이 더 이상 자산이 아니라, 공간을 하나의 컨텐츠와 이용할 수 있는 경험으로서 소비할 수 있는 새로운 세대와 만나면서 새로운 변수들이 생겨나고 있습니다. 공간의 소유자와 사용자가 권한과 책임을 나누는 방식을 추구하고 있는거죠. 운영자와 건물주간 파트너십을 통해 공간을 활성화하는 것을 넘어 성과를 나누는 구조가 만들어지고, 이는 도시혁신으로 이어질 거라 확신합니다.

공간을 만들어내는 사람이 건물이 없어도 투자를 받는 시대가 왔습니다. 브랜드 가치만으로. 공간에 콘텐츠를 만들어내는 거죠. 콘텐츠를 만들어내는 능력을 기업적 가치로 평가합니다. 매력적인 공간이 많아지고, 적정한 금액으로 사용할 수 있도록 만드는 것이 점점 가능해지고 있어요. 저희는 스페이스클라우드를 통해 공간 운영자들이 자기만의 기획력과 관점, 콘텐츠를 가지고 도시 곳곳을 새롭게 만드는 일을 추구합니다. 또 플랫폼이 소유자 중심의 문화에서 사용자 중심으로 전환하는 일이 같이 가면서 새로운 도시혁신이 일어나기를 바라죠. 꾸준히 희년의 가치를 계속해서 창출하고 있죠. 마지막으로 전국에 있는 공간 운영자들과 도시 기획자들을 섬기며 서포트하는 서비스들을 계속해서 하고, 이 부분을 더 발전시키려고 합니다.

독립과 함께 찾아온 위기

저희가 두 번째 투자를 받으면서 그 투자사 안에서 전폭적인 서포트를 받으며 스페이스클라우드라는 플랫폼을 잘 만들게 되었는데요. 투자사 안에서 보호를 받으며 사업을 계속 진행했다면 편했을 겁니다. 하지만 저희 안에 여러 가지 다른 모험들을 해보고 싶었고, 그럴 때마다 투자사에 요청하고 승인을 받아야 하는 것이 어려웠습니다. 그래서 결국 조금 위험하더라도 투자사에서 나와 스스로 운영해보기로 결심했습니다. 그렇게 독립하는 날을 맞이하게 되었죠.

독립하는 과정에서 서비스 이관을 진행하면서 플랫폼을 이용하는 고객들이 원활하게 이용할 수 없는 긴급 상황이 벌어지게 되었습니다. 장애를 복구하기 위해 2주라는 시간을 보내야 했습니다. 2주 동안 쌓인 CS(고객응대)는 2천 건이 넘었습니다. 이 시기가 저희에게는 엄청난 위기였지만 어쨌든 저희 팀이 독립적으로 서비스를 운영하는 모든 시퀀스를 압축적으로 배운 좋은 기회의 시기였다고 생각합니다. 이 시기를 함께 겪은 직원들이 지금도 함께 하고 있으며 엄청난 역량을 가진 프로젝트 오너들이 되었습니다.

앞서 이야기한 위기의 시간을 지나며 시스템이 개선되고 장애 처리와 보상까지 끝난 이후, 그 해 겨울에 저희 플랫폼이 급성장의 물결을 타게 되었습니다. 연말 시즌에는 거의 공실이 없을 만큼 예약이 이루어졌고, 장애로 인해 화가 났던 호스트들 역시 마음이 풀리게 되었습니다. 독립하지 않았다면 겪지 않았을 일이었지만 저희에게 꼭 필요했던 일이라 생각됩니다.

부동산 시장에 메시지를 던지다

저희가 주목하는 것은 그 공간의 가치를 올리는 주체가 누구인가입니다. 어떤 공간을 사용해서 사람들에게 행복한 공간의 특성을 제공하는 기획자, 호스트, 유저, 사용자들에 대한 분석을 놓치지 않고 주시하고 있습니다. 새로운 사용자들이 도시를 사용하는 방식으로 인해 전통적인 부동산시장이 움직이고 변화하고 있는데요. 부동산시장의 문제는 공급자 중심의 시장입니다. 건물주가 정하는 가격에 따라 임대료가 생기고, 임대료에 따라 물건값이 정해지는 것이죠. 공급자 중심이 아닌 소유자 중심의 시장이 매우 필요합니다. 그렇기에 공간 사용자들이 뭉쳐서 건물주 중심이 아니라 사용자가 원하는 공간을 건물주가 만들도록 해야 한다고 생각합니다. 공간의 사용 계약 방식부터 프로그램까지 사용사에 의해 바뀌고 정의되어야 하는 것이죠.

도시혁신이라는 키워드를 놓치지 않고 계속 가져가는데요. 플랫폼 서비스나 사회주택 등의 혁신적인 모델들을 통해서 사용자가 어떻게 하면 부동산시장에서 힘을 가질 수 있을까, 어떻게 하면 소프트웨어적인 힘으로 부동산을 리드하게 만들 수 있을까를 고민합니다. 저희가 추구하는 메시지는 건물주와 사용자, 공급자와 소유자의 관계가 공평해지는 것이죠.

전문용어로 부동산시장에서는 'commons'라고 얘기합니다. 전통적인 부동산시장에서는 사용자와 건물주의 관계에 우위 관계가 있습니다. 사용자와 공급자가 공평한 관계로 도시를 합리적인 관계로 구성해 나가는 것, 이런 힘을 주는 어떤 노력을 우리는 커먼즈라고해요. 장기적인 비전으로 커먼즈가 구현된 도시를 만들고 싶습니다.

어떤 이슈의 토론도 자유로운 기업, 부동산비즈니스로 희년사회를 실현해가다

"모든 세상의 건물들은 4종류의 건물주 안에 들어갑니다. 첫 번째는 개인 건물주, 두 번째는 법인 건물주, 세 번째는 교회, 사찰, 재단 등이 이에 속하는데 비영리 건물주가 있고요. 마지막으로는 25%에 달하는 정부라 칭하는 공공 건물주가 있습니다. 우리의 혁신 라인에서 가장 늦을 파트는 개인 건물주이고, 우리가 시도해 볼 수 있는 공공 건물주와 비영리 건물주에게 여러 가지 프로젝트를 진행해 볼 수 있다고 생각했습니다. 새로운 공간과 새로운 시장을 만들고 정부가 우리 기업과 함께 하기도 합니다."

저희 기업에 입사한 직원들에게 첫 오리엔테이션 때 가장 먼저 하는 이야기입니다. 재미있죠? 부동산에 민감한 청년들이라면 더 귀를 쫑긋 세운채로 저의 이야기를 경청합니다. 저는 제가 성경에서 가져온 토지 공개념의 이야기나 사업 철학 등의 이야기를 할 때 일부러 종교를 숨기거나 감추지 않습니다. 저희 직원들은 크리스천 반, 크리스천이 아닌 분들 반으로 구성되어 있습니다. 한 때는 크리스천이 아닌 분들이 더 많은 비율일 때도 있었습니다. 저희 직원들의 특징이 종교적인 것 보다는 사회혁신이나 소셜에 관심 있는 성향이 많기 때문에 기본적으로 종교나 여러 가지 아젠다에 열려있는 사람들이 많죠. 저 스스로도 상대적으로 보수적인 크리스천보다 많이 열려있는 편입니다. 그렇다보니 여러 가지 이슈를 가지고 토론하는 것을 즐기는 문화가 형성되어 있습니다. 저희 직원들 중에는 다양한 관점을 가진 사람들도 많이 있고요.

저는 직원들이 입사할 때부터 지금까지 멤버들에게 창업동기를 꼭 이야기 합니다. 제가 크리스천이고 그로 인해 형성된 가치관을 전달하죠. 성경적 토지 정의, 하나님이 이 땅을 만드셨다는 진리를 말하고요. 만든 사람이 이 땅을 모두가 잘 쓰고 공유하라고 했는데 그대로 우리가 쓰지 않기 때문에 부동산의 불로소득, 가격차이, 도시문제가 생기게 되었다. 이런 것들을 이야기하면 청년들은 이 문제가 왜 시작됐을까를 인문학적으로 듣습니다. 저는 성경을 이야기하지만 이들은 나의 현실로 받아들이는 것이죠. 그래서 더 자연스럽게 성경이야기를 많이 하고 복음을 전하는 방식이 아니라 제가 믿고 있는 복음을 실천하는 방식으로 이야기합니다. 저는 제가 믿는 하나님의 방법대로 부동산 비즈니스를 하고 있는 것이니까요.

공간 사업을 하다보면 지역사회나 믿지 않는 사람들과도 자주 마주치는데요. 아무래도 부동산에 욕심이 작동하지 않는 공간을 많이 공급하고 유통하며 직접적으로 공간사업을 해서 주민을 만나는 일도 합니다. 앤스테이블에서도 주민공동체 사업이라든지 텃밭 가꾸기라든지 따로 노는 1인 가구들이 한 군데로 모이게 하는 공동체 회복 프로그램을 진행합니다. 이런 샘플링을 만들어서 다른 공간 운영자들에게 매뉴얼을 드리는 일을 하죠. 사실 이런 프로그램은 교회에 많이 있던 것들이잖아요. 저는 손쉽게 교회에서 하던 것들을 청년주택으로 가져온 것이죠. 그러면서 천천히 복음을 전하게 되더라고요. 함께 하는 시간이 늘어나면 다들 알아주시는 것 같아서 뿌듯합니다.

사회주택 앤스테이블과 <작가와 건물의 자기다움> 콜라보의 결과물

청년의 때, 길을 찾는 방법

저는 청년의 때에 직장을 구하기 전, 꼭 자기 업으로서 맞는 걸 찾는 게 정말 중요한 것 같아요. 최소한 자기한테 끌리는 주제가 분명히 있을 겁니다. 환경, 뷰티, 소셜, 문화 등 다양한 주제로 활동하는 단체나 기관들을 찾아보는 것도 필요하고요. 그 기관들과 기회가 닿으면 6개월에서 3년 정도 인턴부터 시작해 프로젝트 책임자, 종사자가 되는 수순을 밟아보는 좋다고 생각합니다.

저를 예로 들어보면 20대에 관심이 많았던 교육과 부동산 분야에서 실제 활동하는 분들과 보낼 수 있는 축복의 만남과 시간들이 있었습니다. 이때 정말 존경하는 분들을 알게 되고, 읽어야하는 책들, 마주해야 했던 사건들을 경험했어요. 그때는 눈에 보이지 않지만 진짜 실존하는 사회적 자본, 신뢰의 자본, 진짜 자본의 힘을 쌓을 때라고 생각합니다. 비영리 활동가로 제가 좋아하는 일을 5년 정도 하고 나니 그 분야의 사람들이 저를 구성원으로 인정해주었어요. 아주 큰 힘이 생긴 거죠. 어떤 분야에서든 사회적 네트워크를 쌓는 게 훗날 무엇과도 바꿀 수 없는 자신이 된다고 생각합니다. 제가 창업을 했을 때, 새로운 프로젝트를 시도할 때, 그 분들이 저를 지지해주고 든든한 지지대들이 되어주더라고요.

관심있고 끌리는 주제들에 대한 구체적인 경험을 많이 쌓아보세요. 스스로가 일을 만들어 낼 수 있고 팀으로 또는 친구들을 모아낼 수 있는 능력이 있다면 창업을 하는 것도 좋은 것 같습니다. 프로젝트형의 가벼운 시작 또는 비영리 스타트업의 형태로 창업을 시작하면 큰 부담 없이 시작할 수 있어요. 요즘에는 사회적으로 이런 프로젝트를 지원해주는 지원책들도 많아졌고요. 사회문제를 '열린옷장'처럼 프로젝트로

동료들과 정기적으로 기업의 미션/비전을 공유하는 정수현 대표

시작했다가 사업이 돼버리는 케이스들도 스터디 해보면 좋겠고요.

자기의 직업을 고민하는 분들에게 추천하고 싶은 두 가지 진로 코스가 있습니다. 첫 번째로 사단법인 루트임팩트가 운영하는 '임팩트커리어' 인데요. 루트임팩트라는 회사가 여러 곳에서 펀딩을 받아 약 2주 정도 소셜벤처, 비영리스타트업에 입사하려고 하는 청년들에게 경영과 운영에 대해 교육 및 매칭을 진행합니다. 이런 프로그램을 통해서 주체들을 만나보고 나는 어떤 사람인가, 어느 곳에 잘 맞는 사람인가, 어떤 일을 할 때 가슴이 뛰는가를 확인해 보는 경험들이 매우 중요합니다. 나와 같은 꿈을 꾸는 친구들을 동료도 얻을 수도 있어 큰 장점이라 생각합니다. 두 번째로는 언더독스라는 회사가 하는 창업스쿨인데요. 이곳에서는 사관학교 스타일로 사회혁신에 관련된 창업을 도와주는 프로그램을 운영합니다. 돈을 벌기 위해 일하는 것보다 스토리와 미션이 있는 기업에서 일하는 장점이 분명 존재하거든요. 회사의 미션과 자신의 미션이 같다면 시너지는 두 세배가 되고요. 아무것도 모르고 뛰어드는 것보다 어느 정도의 배움과 인프라를 가지고 시작하는 게 안전합니다.

관점의 변화가 필요한 영역들

저희가 진행하는 비즈니스와 연결되는 영역 중에 관점의 변화가 필요한 것을 3가지만 말씀 드리려고 합니다. 함께 생각하고 기도가 필요한 곳에 기도도 해주시면 좋겠어요. 첫 번째로는 땅은 하나님의 것입니다. 창조주를 인정한다면 토지라는 공적 자원은 우리가 같이 잘 써야 하는 자원이고 이곳에서 발생하는 이익은 토지를 소유하고 있는 사람뿐만 아니라 가치를 같이 올린 사람들과 나눠야 하는 자원이라는 관점을 가지면 좋겠습니다. 하나님께서 더불어 살라고 선물로 주신 자원이니까요. 실패한 공산주의처럼 폭력적인 방식으로 소유권을 박탈해서 n빵으로 나누자가 아니라, 토지라는 가치를 가장 잘 활용할 수 있는 지혜를 위한 관점으로 그 원리를 이해하며 사회혁신을 추구하자는 이야기로 희년의 실천과정이 있었으면 좋겠습니다.

두 번째로는 비즈니스의 핵심은 수요와 공급입니다. 비어있는 건물이 많아진다는 것은 왜 많아지는지 생각해봐야 하는 문제입니다. 사람들이 수요에 매칭이 될 수 있도록 가격을 낮추면 되는데 가격을 낮추면 자산가치가 떨어진다고 생각하기 때문에 낮추지 않는 것이죠. 그래서 저희 같은 기업가들이 해야 할 일은 전반적인 새로운 시장을 만들어 조정을 하는 역할을 하는 것입니다. 새로운 부동산 상품과 좋은 상품을 만드는 것이 중요하죠. 부동산이나 공간에 관련된 진로를 꿈꾸고 있다면 좋은 가치를 만들고, 이 가치를 건물주들과 잘 협상할 수 있는 능력을 갖추는 비즈니스를 꿈꾸면 좋겠습니다.

마지막으로, 일부 글로벌 기업들은 뉴욕, 런던, 파리와 같은 대도시에 사회주택을 투자하고 있습니다. 이유를 알아봤더니 창의적인 인재들이 높은 주거 비용으로 대도시에 더 이상 머물수 없기 때문이었습니다. 큰 도시들이 고비용 도시 부담 때문에 인재가 못 들어오고 포틀랜드 등 자꾸 외곽으로 옮겨가게 되었습니다. 그러다 보니 도시의 리더들이 고민에 빠졌어요. 우리 도시가 거주비용 부담이 너무 높아서 창의적인 인재들이 못 들어오고, 도시가 늙어가고, 공실률이 높아지고, 낡아지는 느낌이 나는 거죠. 그래서 전략적으로 사회주택이나 커뮤니티 하우스, 공유 오피스 같은 걸 많이 공급해서 부담을 줄여주고 있어요. 중요한 전략이라고 생각하고 있거든요. 저희가 생각하고 있는 문제의식과 똑같아요. 서울이 너무 비싸져서 청년들이 서울에 머무를 수 없어요. 청년들이 머물 수 있는 좋은 도시 조건을 만들어주는 게 중요하다고 생각해요. 그럴려면 적정주택이나 공간을 만들어 살기 편하게 해주어야 매력적인 인재들이 도시를 떠나지 않습니다. 매력적인 인구들이 머물기 좋은 조건을 만들기 위한 다양한 사회적인 노력들을 위해 기도하면 좋겠습니다.

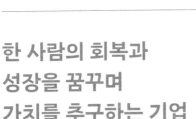

한 사람의 회복과
성장을 꿈꾸며
가치를 추구하는 기업

도현명 대표
임팩트스퀘어

소심청년, 소명을 만나다

저는 대학에서 경영학을 전공하고 2005년에 N게임 회사에 입사했습니다. 지금은 게임 회사라 하면 모두가 대단하게 생각하지만 그 당시에는 주목받지 못했어요. 하지만 제가 게임을 좋아했기 때문에 회사 생활과 일을 즐겼고 만족했습니다. 게임 회사에는 주로 개발 중인 게임을 직접 해보고 평가하여 전략을 수립하는 업무를 했죠. 게임 회사에서의 업무가 반복되면서 스스로의 만족만 추구하는 삶을 살고 있지 않나 라는 생각이 들었습니다. 때마침 소명에 대한 고민도 함께 찾아왔습니다.

게임 회사에서 일하는 동안 주말과 휴가 기간을 이용해 비영리 기관을 돕는 일을 했는데요. 그 기관은 아프리카 케냐의 어려운 사람들을 돕는 기관이었습니다. 비영리 기관의 경영은 잘 정비되어 있거나 전략적이지 않았습니다. 게임 회사에서 전략을 수립하며 창업이나 투자에 관해 익숙했던 상태였는데 이러한 생태계를 보고 나니 삶의 방향에 대해 더 깊이 고민할 수밖에 없었습니다.

이 시기에 삶의 전환점이 되는 책과의 만남을 경험하게 되었습니다. 우연히 '세상을 변화시키는 대안 기업가 80인'이라는 책을 읽게 되었죠. 그 책은 프랑스 사람인 실뱅과 마튜가 전 세계를 돌아다니면 만난 사회적 기업가들에 대해 쓴 책입니다. 사회적 기업에 대한 책을 읽은 후 이 분야에 대한 공부가 더 필요하다고 느껴 2008년 회사를 그만두고 이후 경영학 석사 과정에 입학했어요. 박사 과정까지 제대로 공부해 볼 생각이었죠. 그런데 공부하던 중 글로벌 비즈니스 경진대회에 출전해 결선에 진출까지 하게 되었습니다. 결선 대회는 싱가폴에서 일주일 동안 열렸고, 총 6개 팀이 참가했어요. 신기하게도 6개 팀 중에서 5개 팀의 비즈니스 모델이 사회적 기업과 관련된 것이었어요. 이 대회에 참가하면서 사회적 경제와 사회적 가치 창출이라는 큰 흐름을 보았습니다. 한국에도 이러한 기업들이 필요하다고 생각했고요. 그래서 석사 과정 중에 임팩트스퀘어를 창업했습니다. 필요를 보고, 세워놓았던 계획을 변경한 거죠. 그렇게 2010년 창업을 시작하게 되었고, 사회적 기업을 생각하며 이 분야의 생태계를 만들기 위한 일들을 진행했습니다.

사회적 기업가를 육성하는 엑셀러레이터

저희는 처음부터 특정 사회적 기업을 시작한 것이 아니라 생태계를 만들기 위한 공간 사업으로 출발했습니다. 대기업의 사회공헌 자원을 연결하는 것도 진행했고요. 그러다가 국내에도 사회적 기업의 생태계가 조금씩 생기기 시작했고, 임팩트스퀘어는 2015년 처음으로 엑셀러레이팅을 시작하게 됩니다. 제가 하고 싶었던 일은 개별 청년들을 세우는 일이었기 때문에 벤처캐피탈로 넘어가면 돈은 잘 벌고 안정될 수는 있지만 기본적으로 금융업의 성격이 강해진다고 생각했죠. 밴처캐피탈은 돈을 어디에 언제 넣었다가 어느 시점에 빼야하는지 금융적 선택도 중요하거든요. 엑셀러레이터는 비즈니스 모델도 명확하지 않은 상태에서 투자하고 시작할 때가 많기 때문에 철저하게 인간 대 인간의 관계가 더 중요합니다. 한 사람이 성장하지 않고 리더십이 성장하지 않으면 기업이 잘 될 수 없습니다. 벤처캐피탈이 투자할 때에는 적절한 자원이 들어오고 매출처가 생기면 성장하는데, 엑셀러레이터는 사람과 조직에 대한 이야기가 훨씬 크기 때문에 이 부분이 조금 더 매력적으로 다가왔습니다. 사실 쉽지만은 않습니다.

임팩트스퀘어가 하는 일은 크게 3가지로 나눌 수 있는데요. 첫 번째는 앞서 소개한 소셜벤처 엑셀러레이션 분야입니다. 사회 문제를 해결하기 위해 비즈니스를 시작해서 인큐베이팅 단계를 거친 소셜벤처가 성장할 수 있도록 전문적인 서비스를 제공하는 엑셀러레이터 역할을 하는 것이죠. 사회 문제 해결과 비즈니스 모델 구축이라는 두 마리 토끼를 잡아 성장할 수 있도록 돕습니다. 우리나라에게 엑셀러레이터가 200여 개 정도 되는데 그 중에서 소셜벤처에 집중하는 엑셀러레이터는 대략 5~6개 밖에 되지 않거든요. 저희가 그 중에 하나입니다.

또 다른 사업으로는 컨설팅과 연구 업무가 있습니다. 기업, 정부, 비영리 단체에 사회적 가치 창출을 위한 비즈니스 솔루션을 제시하는 컨설팅을 하고 있죠. 대기업이 사회적 책임 수행을 위한 사회 공헌과 공유가치 창출 활동을 어떻게 진행하는 것이 효과적인지를 파악하여 실질적인 실행 방안을 제공합니다. 공유가치 창출과 사회적 기업 연계 등을 통해 기존 사업의 사회적 가치 창출 비즈니스로의 전환, 사회적 가치 창출을 위한 신규 사업 설계, 기업의 사회적 책임 활동 프로그램 개발, 사회공헌 활동 진단 및 평가, 공유가치 창출과 기업 사회공헌 활동의 사회적 가치 평가 등을 제안하여 진행하도록 합니다.

마지막 사업으로는 심센터재단이라는 비영리 재단을 운영하고 있습니다. 주로 기독청년 사회적 기업가를 육성하는 일을 하고 있고 커뮤니티 베이스로 그들이 모여 있을 수 있도록 돕습니다. 필요한 제반 교육이나 공간도 제공하고요. 기독교인으로서 사회적 기업 활동을 하는 청년들을 위한 사역을 심센터재단을 통해 시작하게 된 것이죠. 심센터는 'Social Entrepreneurship and Mission'의 약자로 기독청년들이 사회적 기업가 정신을 바탕으로 비전을 키워 갈 수 있도록 공간과 프로그램을 제공합니다.

처음에 심센터는 저의 개인적 소명에 의해, 삶과 신앙의 일치 지점을 찾다 나온 일종의 타협점이었습니다. 많은 국가들에서 선교사 비자가 막히고, NGO 활동도 어려워지고 있습니다. 현재 마지막 남은 선교의 도구는 비즈니스입니다. 선교사님들이 사회적 기업이라는 도구를 사용해야 할 것 같았고, 이 일을 하면서 제가 걸어왔던 길과 동일한 고민을 가지고 이 길을 걷는 청년들에게 제대로 알려주고 싶다는 마음이 생겼습니다. 심센터를 통해 일터에서 일과 영성을 연결하고 청년들을 섬기고 육성하는 일을 자연스럽게 하게 되었죠.

일과 삶, 소명과 사명이 일치하는 인생

저희는 창립멤버가 모두 크리스천이 아니고, 지금도 직원들의 절반 정도는 크리스천이 아닙니다. 물론 제가 처음 회사를 만들 때에 소명을 가지고 만들었고, 중간에 회사를 피봇팅 할 때도 소명적으로 진행했지만 같이 하고 있는 리더십 중에는 크리스천도 있고 아닌 사람도 있어요. 크리스천들이 비크리스천과 함께 하는 시간 속에서 우리가 어떻게 살아가는가를 보여주는 것이 중요하다고 생각했습니다. 사회에는 크리스천이 비크리스천보다 훨씬 적은데 크리스천들끼리 폐쇄성의 연대를 하지 않기로 결정했기 때문에 믿지 않는 사람들과도 함께 하고 있습니다. 제가 기대했던 것은 만약에 진짜 하나님께서 이 기업에 원하고 기대하는 것이 있다면 함께 하는 리더십들을 제가 잘 이끌고 설득할 수 있도록 많이 기도를 했고요. 지금 함께 하는 리더십들이 제가 제시한 비전에 다 동의했기 때문에 여전히 함께 하고 있습니다. 이런 부분에서 조금 더 의미 있지 않을까라는 생각을 하고 있습니다.

임팩트스퀘어를 시작하며 구체적인 경영철학을 세울 때 하나님께서 두 가지 방법으로 저에게 도움을 주셨는데요. 첫 번째는 기독교적인 철학이 담긴 비전을 비크리스천에게 잘 전달할 수 있는 표현력을 제게 주셨고요. 두 번째는 실제로 그 가치를 보여줄 수 있는 좋은 사람들을 동역자로 붙여주셨습니다.

구체적인 예시를 들자면 2015년에 저희 회사가 어려움을 겪게 되는데요. 기존의 멤버들 중에 절반 정도가 회사를 나갑니다. 다른 것 때문에 회사를 나간 것이 아니라 회사가 잘 되기 시작하자 상대적으로 큰 돈이 생기게 되고, 돈이 보이니 각자가 하고 싶은 일이 갈라지게 되었습니다. 저희가 하고 싶었던 일은 내가 스포트라이트를 받는 일이 아니라 다른 청년들을 돕는 일이었습니다. 나간 청년들은 스스로 스포트라이트를 받고 싶었던 거예요. 그 때 남아있는 친구들을 설득해야 했는데요. 그 친구들에게 왜 우리가 스포트라이트를 받는 사람이 아니라 받는 사람들을 도와주는 사람들이 되어야 하는지 설명해야 했습니다.

그 시기에 하나님께서 이런 비유를 주셨습니다.

"성공이라는 경험을 반복해서 하고 싶은 사람들이 눈여겨봐야 할 것들이 있습니다. 가장 여러 번 천만 관객을 동원한 사람은 정우성, 장동건이 아니라 조연이었던 오달수입니다. 실제로 마라톤 완주를 가장 많이 했던 사람은 이봉주나 황영조가 아니라 그들의 페이스메이커입니다. 에베레스트 산을 가장 많이 올라갔던 사람은 등반가들이 아니라 쉐르파입니다. 우리는 성공의 경험자체를 굉장히 즐거워하는 사람들입니다. 그 성취감에 만족함을 느끼는 사람들이 다양하게 반복적이며 지속적으로 성취감을 누리기 위해서는 한 번 올라갔다 사진 찍고 내려오는 것이 아니라 다른 이들을 돕고, 같이 올라가는 일을 해야만 합니다."

이 이야기가 남은 팀원들을 설득하는 굉장히 핵심적인 이야기가 되었습니다. 또한 저희 고용규약에는 조금 특별한 조항이 있는데요. 저희가 정규직으로 채용한 이후에는 업무의 퍼포먼스로 사람을 내보낼 수 없다고 되어있습니다. 하지만 무조건적으로 사람을 내보내는 조항도 있습니다. 다른 사람을 괴롭히거나 공동체를 헤치는 경우에는 성과와 상관없이 사람을 내보낼 수 있습니다. 그런데 이런 조항들을 실행할 수 있도록 룰을 만드는 것이 비크리스천들 이었습니다. 가치가 어떻게 회사 안에 녹아들 수 있는지는 사람의 성장과 영혼에 관심이 있는지가 굉장히 많이 작용한다고 생각합니다. 이런 룰로 인해서 다른 사람들과 함께 성장을 도모하고 실제 성격이 변하고 잘못된 것들을 스스로 고치기도 하면서 좋은 현상들이 더 많이 나타납니다.

저는 현재 일부러 기업의 성장을 억제하고 있습니다. 시장에 물이 들어오면 노를 저어야 하는 게 맞는데요. 그렇게 되면 문화가 깨집니다. 20명이 있는 조직에서 10명을 갑자기 받아들이면 색이 바뀌게 됩니다. 그 10명을 몇 년에 걸쳐서 한 명씩 받으면 기존에 있는 사람들에게 새로 들어온 사람들이 흡수되기 때문에 문화를 유지하기 위해서는 천천히 성장하는 것을 선택할 수 있어야 한다고 생각합니다. 팀원들에게 장기 저성장을 추구하며 매년 5-10%씩 영원히 성장하자고 이야기합니다. 10억이 넘는 제안이 들어왔을 때도 있었습니다. 하지만 그 프로젝트를 수락하면 10명 이상을 뽑아야 하기 때문에 포기하기도 했습니다. 그것이 저희에게는 가치관을 수립하는 과정이라고 생각합니다.

두 번째로는 하나님께서 저와 팀원들이 보고 배우고 함께 성장 할 수 있는 좋은 사람들을 많이 보내주셨는데요. 그런 사람들은 대부분이 크리스천입니다. 그래서 내부에 있는 비크리스천들이 크리스천은 좋은 사람이 많은 것 같다는 생각을 가지고 있습니다. 대표적으로 저희가 후원하는 사람도 있고 저희가 도와주는 친구도 있는데요. 저희가 도와주게 된 친구 중에 김성민이라는 보육원 퇴소자 출신의 창업가가 있습니다. 저희가 굉장히 중요하게 생각하는 것 중 하나가 이 시대에 중요한 역할을 해야 하는 사람인지를 보는데요. 이 친구는 보육원 출신의 보호종료 아동이자 그렇기에 이 시대에 중요한 역할을 맡고 있었습니다. 보육원 퇴소 후 본인이 조금 더 평안하게 살게 되었을 때, 하나님께서 동생들과 다른 고아들을 돌보라고 부르셨고 부르심을 거절하다가 가인과 아벨에 대한 이야기를 통해 돌아서게 되었습니다. 자신이 가인에 투영되어 아우를 지키지 않고 도망치는 모습을 보고 어떤 방법으로든 이 일을 하기로 결정했죠.

처음에는 놀랍게도 방금 이 고백과, 아우를 지키는 자를 뜻하는 '브라더스키퍼'라는 회사 이름만 가지고 저를 찾아왔습니다. 사업 아이템은 없이 말이죠. 당황스럽기도 하고 난처하기도 했는데요. 이 친구를 만나고 제일 마음에 들었던 것은 이런 친구를 위해서 내가 이런 일을 하고 있나 보다라는 생각을 할 수 있었다는 것입니다. 이런 상황에서 투자자가 도움을 약속하고 투자를 하는 일은 당연히 없습니다. 사업 아이템이 없기 때문입니다. 하지만 그런 회사가 하나쯤은 필요한 것 같다고 생각했고, 그런 회사에 투자할 조직이 하나는 필요한 것 같다고 이야기하며 저희가 투자를 약속했습니다.

덜컥 투자를 약속하고 나니 고민이 생겼습니다. 임팩트스퀘어는 내부 투자 심사제도가 만장일치제인데 심사역들 중에 비크리스천이 있었어요. 이 친구를 어떻게 설득해야 할지 며칠을 고민해도 도저히 설명할 다른 비유가 생각나지 않았습니다. 어쩔 수 없이 성경 구절만 제외한 나머지를 똑같이 이야기 했는데, 이 친구가 제 이야기를 다 듣자마자 저와 똑같은 대답을 했습니다.

"형, 이런 회사가 세상에 하나쯤은 있어야 할 것 같아. 이런 회사에 한 기업 정도는 투자해 줘야 하지 않을까? 우리가 투자합시다."

저는 이 대답을 통해 하나님께서 우리 회사에 있는 비크리스천 친구들을 사용하고 계시고, 변화하게 하며 우리의 사역에 우리와 다른 사람들도 동참하게 하신다는 확신을 주셨습니다. 그 이후 브라더스키퍼는 3년 정도 저희가 서포트 했고, 지금은 좋은 기회와 상황들을 맞이해 빠르게 성장하고 있습니다. 이런 일들이 자주 생기면서 비크리스천들에게 굉장히 중요한 경험이 되기 시작했고, 저희를 후원하는 좋은 선배들이 보여주는 모습들로 인해 조직 구성원들이 많이 변화하고 있습니다. 대표적으로 네이버 초기 창업자 중에 한 분이 계신데요. 이 분은 정말 많은 돈을 버셨습니다. 그럼에도 이 분은 자신이 받은 사명을 지키기 위해서 검소하고 겸손하게 그 큰돈이 자신에게 축복이 아니라 은사라는 것을 인정하는 과정들을 끊임없이 보여주십니다. 나에게 쓰는 것은 축복이지만 그 돈들을 청소년과 청년들을 위해 내놓고 이것은 은사다, 올바로 쓰라고 주신 것이다 라고 말하는 과정들이 비크리스천 청년들에게 도대체 저 사람은 이런 일을 왜 하는 것인가 라고 궁금증을 가지게 합니다. 신앙에 대해서도 궁금하게 하고 그 가치를 인정하게 하게 발판이 되었습니다. 저는 이런 일들이 저희 회사를 만들어왔다고 생각합니다.

주변을 섬기며 사는 삶, 복음의 통로가 되다

회사 내에 사내 전체 예배는 당연히 없습니다. 대신 화요일 저녁마다 지역 예배가 있습니다. '화요성수'라고 해서 한 교회와 협력하여 예배를 드리고 있습니다. 이 지역에는 3,500명 정도의 청년들이 일하고 있습니다. 그 중에 20% 정도가 크리스천이고 20% 정도 중에 3분의 1 정도가 크리스천임을 커밍아웃하고 저희와 연결되어 있습니다. 그 중에서도 마음이 있는 약 40-50명 정도가 모여서 예배를 진행하고 있습니다. 현재는 코로나로 인해 줌으로 예배하고, 보통의 때에는 일부 현장 참석, 일부 줌으로 동시에 진행하고 있습니다.

대신 다른 행사나 크리스천들의 간증 집회 같은 것들을 할 때에 비크리스천들을 자연스럽게 초대하고 있습니다. 예를 들어, 배달의민족의 브랜딩 디자인을 총괄하는 이사님이 이곳에 와서 본인의 메시지를 나눌 때 디자이너 친구들에게 이야기 합니다. 그 친구들은 업무스킬이 궁금하니까 와서 강의를 듣게 되지요. 또 이영표 선수가 사회적 기업을 할 수 있도록 저희가 투자하고 창업을 했거든요. 이영표 선수가 와서 강의할 때에는 축구를 좋아하는 남자친구들을 불러 강의를 듣게 합니다. 다만 전체가 강제로 참여하는 예배는 하지 않고 있습니다.

그 외에 저희가 굉장히 중점을 두는 것이 두 가지가 있는데요, 하나는 크리스천 친구들에 대한 훈련입니다. 매주 주니어 친구들이 모여 대외적으로는 기독교콘텐츠 회의라는 이름으로 열립니다. 대외적으로는 각자가 느끼는 바를 잘 정리해서 청년들에게 전달하겠다는 목표를 지향하고 있지만 실제로는 로마서를 스터디 하고, 팀 켈러 목사님의 책을 스터디 하고 성경을 스터디 하는 모임이고요. 시니어, 주니어 맴버들을 위한 모임, 외부와 함께 하는 모임도 여러 개 돌아가고 있습니다. 또 다른 것 하나는 특별히 청년에게 사명을 두고 있는 잘 훈련된 주요 멤버들이 다른 친구들을 의도적으로 섬기는 일을 하고 있습니다. 어려운 일을 겪고 있는 친구들에게 자금들을 모아서 전달하기도 하고, 기독교 기반의 상담을 외부에서 연결해서 정서 멘토링이라는 이름으로 연결하기도 합니다. 상담을 담당하고 있는 친구는 저희가 준 법인 카드를 가지고 어려운 친구들과 그 카드로 밥을 먹습니다. 밥을 먹으면서 어려운 일이 있는지 듣고 기도해주겠다고 약속하죠. 그리고 실제 모였을 때 어려운 친구들을 위해 중보기도를 하면서 비크리스천을 섬기는 일들을 계속해서 진행하고 있습니다.

행동하는 청년을 찾습니다

저희는 진지함과 행동하는 실행력을 갖춘 청년들을 꾸준히 찾고 있습니다. 이 시대는 청년들이 살기 힘든 세상이라고 말합니다. 이런 것을 회피하거나 도망가는 것이 아니라 직면하는 용기 있는 사람을 원합니다. 소명의 첫 걸음은 하나님을 신뢰하는 것입니다. 실패하지 않고 실수치 않으시고, 모든 것을 알고 계시는 하나님을 신뢰하는 것부터 소명에 대한 이해가 시작되죠. 그런 진지함을 가지고 있는 친구들이 필요합니다. 이런 진지한 친구들이 여기서 멈추지 않고 행동해야 한다고 생각합니다. 고민하고 부딪치고 실패해도 다시 한 번 도전하는 친구들이 필요합니다. 내가 이 회사의 부당함에 대해서 이야기하고 싶으나 나의 안위를 위해서 참고 있는 일들이 끊임없이 마음속에서 방망이질 칠 때에, 오늘은 이야기 해야지 라고 생각하고 출근하는 일, 행동으로 완전히 옮겨지지 않았더라도 자신의 신앙의 태도대로 움직이는 청년들을 모으고 있습니다.

예전에는 저도 굉장히 엘리트주의의 사람이었고, 실력 중심주의의 사람이었습니다. 임팩트스퀘어로 사업을 하며 이 부분을 많이 포기하게 되었습니다. 하나님을 신뢰하면 그 안에 두신 하나님의 계획도 신뢰해야 한다고 생각했죠. 실제로 청년들이 학교와 상관없이, 처음 만났을 때의 실력과 상관없이 성장하고 바뀌어 간다는 것을 많이 보고 있습니다. 오히려 당장의 실력보다는 어느 정도의 진지함을 가지고 행동하느냐가 더 중요해진 것이죠. 사실 실력 있는 친구보다 이런 청년들을 찾기가 더 어렵습니다. 가장 중요한 성품은 진지하게 오늘 하루를 투쟁하며 살아가는 친구들입니다.

100명의 크리스천 사회적 사업가를 세우는 일

저희 회사의 최종 목표는 100명의 크리스천 사회적 기업가를 세우는 일입니다. 하나님께서 지금 시대의 청년들에게 아주 명확한 콜링을 하고 계심을 보고 있고. 현재 하나님께서 이 분야에서 특별히 더 많이 일하고 계시다는 것을 느낍니다. 지금은 깃발을 들어야 할 때입니다. 혼란스러운 시대에 아직 깃발을 들고 있는 청년들을 모아야 합니다. 코로나로 많은 것이 무너지고 신앙이 준비되지 않은 청년들이 패배감을 느끼는 시기를 지나고 있는데요. 교회 건물에서 청년들이 흩어지고 있고, 이런 청년들이 디아스포라가 되어 세상에 흩어지고 있습니다. 그렇기 때문에 주일 외에 나머지 날들에 접할 수 있는 주중교회, 일터에서의 교회가 무엇인지를 보여줘야 한다는 마음입니다. 교회가 아닌 교회를 세상 많은 곳에 개척하는 것도 저희가 해야 할 일 중에 하나라고 생각합니다.

사회적 기업이 선교의 도구가 되기를

저는 기업 자체가 현대시대에 가장 파워풀한 도구라고 확신합니다. 결국 우리가 실행해야 하는 일은 그리스도가 이 땅에 오셔서 공생에 기간에 하셨던 먹이고, 입히고, 고치고, 가르치는 일들을 우리의 수준에 맞게 반복하는 것이라 생각합니다. 과거에 선교사님들이 이 땅에 오셔서 병원을 세우고, 학교를 세우고, 사회복지 시설을 세우면서 수많은 피와 재정과 봉사로 헌신하셨는데요. 지금은 이것들을 정부와 사회가 다 하고 있습니다. 교회도 못하고 있고요. 그렇기에 크리스천들이 구분되지 않는다고 생각합니다. 이런 상황에서 가장 파워풀한 기관인 기업을 통해서 청년들이 누군가를 먹이고, 입히고, 고치고, 가르치는 일들을 시작해야 합니다. 좋은 청년 리더들이 그 기업을 이끌 수 있는, 한 기업에 좋은 영향을 미칠 수 있는 사람으로 훈련되어야 합니다. 그렇기에 사회적 기업이라는 솔루션이 더 매력적인 것이죠.

그리스도의 모습이 드러나는 비즈니스,
그리스도의 모습이 드러나는 청년들이기를

Business As Mission은 성공한 기독교인의 뒤늦은 간증이 아니라 지금 이 순간에 내가 하고 있는 비즈니스에 어떻게 하면 그리스도의 모습이 드러나게 할 것인가에 대한 고민입니다. 당장 내가 하고 있는 모든 일들 중에 어떻게 하면 '미션'이 드러날 수 있을까를 고민하는 것부터 출발하는 것이죠. 지금 시대가 굉장히 좋은 타이밍입니다. 비즈니스와 창업을 정부와 사회가 적극 권하기 때문입니다. 이 기회에 우리가 할 수 있는 일들이 무엇인지 고민하고 나면 좋은 길로 갈 수 있습니다. 제가 Business As Mission을 이야기 할 때 마다 자주 인용하는 말이 있는데요.

"당신이 가장 잘 할 수 있고 성공할 수 있는 사업은 두 말 할 필요 없이 당신을 닮은 사업이다." - 폴 호켄

실제로 성공한 비즈니스를 살펴보면 공통점이 있습니다. 스티브잡스가 살아 있을 때 애플을 보면 장점과 단점은 다 잡스와 똑같습니다.

창업가는 사업에 인생의 상당부분을 떼어내고 자신이 피를 섞어 만들어 낸 것이 회사입니다. 자신의 영혼까지 쏟아서 만들기 때문에 당연히 장점과 단점이 닮을 수밖에 없습니다. 제가 말하는 Business As Mission의 본질은 그렇게 창업을 하고 내 사업과 일에 최선을 다하는 것입니다. **내가 그리스도를 닮는다면 내 일은 그리스도를 닮게 되어있습니다.** 우리 사회의 크리스천 비율이 여전히 15-20%라고 하는데요. 내 주변에서 크리스천 기업의 Business As Mission이 잘 느껴지지 않는다는 건 둘 중에 하나가 거짓말이여서 그렇습니다. 우리가 우리의 일에 소명을 담고 있지 못하거나 우리가 그리스도를 닮지 못하거나요. 저는 그것부터 검토하는 것이 Business As Mission의 핵심적인 출발점이라고 생각합니다.

내 주변의 고아와 과부를
섬기는 BAM

임미숙 대표
리디아알앤씨

비전을 찾던 무역전문가가 창업을 하기까지

저는 상업고등학교를 졸업하고 바로 삼성물산에 취직했습니다. 지금은 한 기업의 대표가 되었지만, 고등학교를 갓 졸업한 제게 무역에 대한 비전이나 꿈이 있었던 것은 아니었습니다. 저는 모태신앙인데요. 고등학교 시절 하나님께 비전을 보여 달라고 정말 열심히 기도했습니다. 하나님이 꿈속에 나타나 계시를 준다거나 마음속에 뜨거운 불을 던져 주시리라 믿었지만 그런 일은 일어나지 않았습니다.

삼성물산에서 일을 하면서 삼각무역에 관련된 업무를 맡게 되었습니다. 홍콩·일본 등에 있는 해외 법인을 통해 중국·베트남과 무역 거래를 하는 일이었죠. 아시다시피 중국과 베트남은 공산국이잖아요. 군사정권이 집권하고 있던 무시무시한 시대에 수교국이 아닌 공산국과도 거래가 가능하다는 사실에 깜짝 놀랐죠. 어느 날 잡혀가는 것은 아닌지 두렵기도 했습니다. 삼각무역이었기 때문에 그럴 일이 없었음에도 그 사실을 초기에는 알지 못했던 거죠. 그렇게 삼각무역 업무를 진행하다 보니 무역 시장에서 가장 기회가 많은 나라는 중국임을 직감적으로 알게 되었습니다. 고등학교 때 제2외국어로 중국어를 배웠기 때문에 남들보다 먼저 관심이 있기도 했고, 아직 열리진 않았지만 향후 개방이 되었을 때 세계 1위인 인구를 바탕으로 엄청난 시장이 열릴 것이라는 판단을 했습니다. 바로 회사 내에서 진행하는 사내 어학 강좌로 중국어를 신청했습니다. 그러나 회사는 거절했어요. 영어와 일본어는 전 지인이 무료로 들을 수 있지만 중국어는 인기가 많아 대졸 남성만 들을 수 있다는 게 이유였죠. 저는 지금 당장 중국어를 배우지 않으면 큰일 날 것 같은 마음에 회사를 관두고 대학에 진학해 중국어와 중국문화를 공부하게 됩니다.

대학을 졸업하고는 홍콩에 있는 회사에서 근무하면서 무역 중개상으로 일하기 시작했습니다. 그 곳에서 8년 동안 일하면서 실무 경험을 쌓고 영어와 중국어를 모두 구사하며 중국 시장에 대한 이해도가 높은 한국에 몇 안 되는 '중국통'으로 자리 잡게 되었죠. 2000년에는 개인 무역회사를 차려 중국에서 생산한 섬유제품을 유럽 시장에 수출하는 사업을 했습니다. 독일 홈쇼핑 QVC에 초극세사 침구를 공급해 연간 2,000만 불의 매출을 내기도 했어요.

2005년, 제대로 된 사업을 시작해야겠다는 마음에 리디아알앤씨(Lydia R&C)를 세웠습니다. 제 영어 이름이 리디아인데 이 이름은 사도행전에 등장하는 루디아에서 가져왔습니다. 루디아는 자색 옷감을 파는 여성 상인이에요. 빌립보 지역에 사는 루디아는 전도 여행을 온 바울을 만나 그리스도인이 되었죠. 루디아는 바울에게 집을 제공하는 등 최선을 다해 돕습니다. 결국 루디아의 집은 그리스도인이 모이는 장소가 되었고, 빌립보 교회의 전신까지 되죠. 옷감을 팔며 바울의 선교를 도운 루디아처럼 제가 세운 회사가 하나님 나라를 위한 도구로 쓰임 받기 원하는 마음으로 이름을 짓게 되었습니다.

매달 전 직원이 참여하는 사내 북세미나

　회사 법인을 설립한 후, 곧바로 침구류 브랜드인 헬렌스타인을 런칭했어요. 헬렌스타인은 거래하던 독일 업체가 가지고 있던 브랜드였는데 당시에는 크게 유명하지 않았죠. 한국에서 독일의 국가 이미지가 워낙 좋았고, 앞으로 이 브랜드를 통해 사업을 확장할 기회가 있을 거라 생각해 라이센스 사용권을 제안했습니다. 당시 독일의 바이어가 저와의 거래를 통해 회사가 크게 성장했고, 많은 이익을 얻었던 터라 헬렌스타인이라는 브랜드를 무상으로 사용하게 허락해 줬습니다. 원래 중국 공장까지 합작으로 설립하여 자체 생산이 가능한 구조를 꾸리고 있었지만 지금은 공장을 모두 매각했습니다. 공장을 함께 운영해보면서 결국은 브랜드 비즈니스에 집중해야 한다는 것을 깨달았기 때문입니다.

　헬렌스타인은 '유럽형 프리미엄 호텔식 침구 전문 브랜드'로 포지셔닝을 시작했습니다. 저희가 처음 이 시장에 진입했을 때, 한국에는 이불이나 베개의 정해진 규격이 없었습니다. 하지만 외국은 이미 정해진 규격이 있던 때였죠. 제가 독일이나 유럽에서 경험한 대로 각 제품의 사이즈부터 만들어서 통일화하고 규격화 시키는 작업을 제일 먼저 했습니다. 저희는 후발주자였기 때문에 홈쇼핑과 온라인 쇼핑몰로 진입할 수 밖에 없었는데 유럽의 침구라는 키워드를 가지고 마케팅을 시작했습니다. 또한 저희가 가진 유럽의 침구라는 강점들을 가지고 MD를 교육시켜 시너지가 날 수 있도록 했죠. 한국 시장에서 판매를 시작하자 서서히 반응이 오기 시작했습니다.

리디아알앤씨는 전형적인 B2C 영업을 하고 있습니다. 특히 타겟 고객층인 젊은 여성들이 주로 온라인을 통해 침구류를 구매하면서 가성비가 좋은 제품으로 금방 입소문이 났던 것이 매출 성장의 원동력이 되었습니다. 유럽풍의 호텔식 침구라는 브랜드 컨셉을 타겟 고객층에게 어필한 것도 적중했고요. 이렇게 고급스러우면서도 가성비 좋은 침구브랜드로 자리 잡게 되었습니다. 온라인이라는 저비용 고효율의 유통채널을 효과적으로 활용한 것도 빠른 시장진입과 함께 큰 성장의 이유로 생각하고 있습니다.

청년 그리고 경력단절여성, 사명처럼 끌어안다.

비즈니스를 하며 우리 기업이 어떤 것을 추구할 것인가에 대한 고민은 언제나 끊임없습니다. 그래도 놓치지 않고 붙잡고 가려는 것들이 있는데요. 제가 현재 다니는 교회는 참 좋은 공동체입니다. 목사님께서 하나님 나라 복음을 주로 나누십니다. 주변에 고아와 과부를 돌보아라, 집을 2채 이상 가지지 말아라 같은 실제적인 말씀들을 하시니 삶으로 살지 못할 때에는 마음이 더 불편하죠. 또 학생 때 한국기독학생회인 IVF 활동을 하면서 심플라이프를 몸과 마음에 익혔던 것들이 지금 제가 추구하는 가치들이 생기도록 했던 것 같습니다.

성경이 말하는 고아와 과부에서 현재의 과부는 누구일까. 이에 대해 고민하다가 현실에서의 고아나 과부는 돌봐줄 사람이 없고 도와줄 사람이 없는 사람들이 아닐까라는 생각을 했고, 나에게는 어떤 사람이 고아로 느껴지는지 떠올렸습니다. 저는 청년과 경력단절 여성이 떠오르더라고요. 제가 교회에서 10년 이상 청년부 부장으로 섬겼는데 저보다 스펙도 좋고, 실력도 뛰어나고 준비가 잘 된 청년들이 취업난으로 인해 일자리를 구하지 못하는 모습에 마음이 많이 아팠습니다. 이 청년들이 사회가 받아주지 않는 고아가 아닐까, 내가 먼저 이들을 받아줘야겠다고 다짐했죠.

사회에 나가 첫 경험을 하게 되는 인턴을 준비하는 대학생들부터 인원을 늘리기 시작했습니다. 어디든 처음은 어렵습니다. 일을 시작하는 사람도 일을 시키는 사람도 불편하고 서툴 수 밖에 없죠. 업무를 진행할 수 없는 사원을 뽑아 훈련시키는 것은 많은 시간이 걸리기 때문에 대부분의 회사는 경력직을 뽑습니다. 그럼에도 불구하고 저는 누구나 처음은 있기 때문에 그 처음을 저희 회사에서 시작할 수 있도록 많은 인원의 인턴을 뽑고, 신입사원을 채용했습니다. 청년 인턴을 원하는 중고교 학생들에게도 개방하여 일터 체험이 가능하게 했고요. 저에게는 세상을 향해 발을 내딛어야 하는데 발 디딜 곳이 없는 젊은 청년들이 고아와 과부로 다가온 것이죠.

경력단절 여성들에게도 손을 내밀었습니다. 저희 회사는 일산에 있는데요. 아이를 낳고 난 뒤로 능력 있는 많은 여성들이 집에서 쉬고 있는 경우가 많습니다. 서울로 출퇴근하는 시간이 오래 걸리기 때문에 일을 구하고 싶어도 여건상 허락하지 않는 경우가 많았던 것이죠. 직업적 과부가 많은 곳이었습니다. 일산에 거주하는 경력단절 여성으로 직원채용공고를 내자 고학력의 우수한 여성 인재들이 몰려와 쉽게 직원을 채용할 수 있었습니다. 저희 회사는 경력단절 여성도 환영하고, 결혼해서 아이를 낳고 육아휴직을 하는 것도 환영합니다. 적극적으로 출산과 다산을 장려하죠. 이런 특별함으로 인해 '경기 여성 고용 우수 기업'으로 뽑히기도 했습니다. 회사 내부적으로 여성이 일하기 좋은 구조와 분위기를 만드는 데도 신경 썼습니다. 자녀를 둔 직원은 아이를 등원시키고 올 수 있도록 출퇴근 시간을 유연하게 조율했고요. 금요일 오후 4시에는 대다수가 조기 퇴근을 합니다. 출산휴가와 육아휴직, 연차도 눈치 보지 않고 쓸 수 있도록 부드러운 분위기를 만들기 위해 노력했습니다.

과부와 고아를 돌본다는 것의 기본은 모든 사람에게 기회를 주어 자아를 발현시키는 것이라 생각합니다. 수능 한번 잘 본 것으로, 좋은 학교를 나온 것으로 인생이 결정되지 않습니다. 하나님은 모든 사람들에게 다른 달란트를 주셨고, 그 모두가 동등한 가치를 지니는 것이라고 생각합니다. 그래서 제가 고아와 과부를 뽑아 그들이 가진 달란트로 마음껏 일할 수 있도록, 자신의 달란트를 온전히 뽐낼 수 있도록 도와주고 싶었습니다. 일하고자 하는 동기가 있고 욕구가 있는데 기회가 없는 사람들을 뽑아서 그들에게 발판을 마련해주고 있습니다.

직원들과 함께 성장하는 기업

저희는 직원 채용 시에 학력, 성별, 나이, 스펙을 보지 않습니다. 기독교인은 특별히 우대하지도 않으며, 사내 기독교인 비율은 50%가 채 되지 않죠. 오히려 비기독교인이 입사하게 되면 전도의 기회를 만들 수 있어 좋다고 생각합니다. 철저하게 블라인드 채용으로 직원을 뽑는 데요. 일하려는 의지와 배우려는 욕구, 직무전문성과 기업적합성을 더 따집니다. 신입 사원은 3개월간 수습 기간을 거쳐서 정직원이 됩니다. 이 기간에는 회사가 지정한 필독서를 읽고, 기업의 핵심가치, 인성 및 직무 교육을 받습니다. 수습 기간이 끝나면 신입 사원은 전 직원 앞에서 3개월간 수행했던 과제를 발표하고, 전 직원이 투표로 채용을 결정합니다. 수습 기간이 신입 사원과 회사가 서로 유연하게 알아가는 데이트 단계라면, 그 다음부터는 결혼이라고 생각합니다. 전 직원이 투표로 채용을 결정하는 것은 기존의 직원들이 신입 사원을 동료로서 받아들이는 하나의 유연한 방법입니다. 또한 입사한 해에 가시적인 성과가 당장 나지 않은 신입사원들도 격려하는 마음으로 성과급을 지급합니다. 회사가 포용할수록 직원들은 개인의 행복을 가치롭게 여겨준다고 생각합니다.

또한 자체 교육 프로그램을 개발해 기업과 직원의 동반성장을 꿈꾸고 노력합니다. 저는 직원의 능력이 곧 기업의 경쟁력이라 믿습니다. 그래서 일반 중소기업보다 많은 비용을 직원들에게 투자합니다. 회사는 직원들의 역량을 기르기 위해 매달 사내 교육을 진행하고, 직무별로 조를 구성해 학습활동을 하도록 장려하고 있습니다. 예를 들어, 한 조는 2개월간 섬유를 공부하고 다른 조는 마케팅을 공부합니다. 조원들이 무엇을 공부할지 스스로 정하고 프로그램도 자유롭게 세팅하면 회사는 지원하는 역할을 하죠. NCS 아카데미, 북세미나, 팀장코칭, 해외견학프로그램 등 연중 수시로 교육의 기회가 있습니다. 팀장급 직원들에게는 자체적으로 MBA 커리큘럼을 운영합니다. 언젠가는 이들도 독립해 대표

출산휴가를 떠나는 직원에게 선물을 증정하는 임미숙 대표

이사가 되어 자신만의 회사를 경영하기를 바라는 마음이 있기 때문입니다. 배움이 없는 사람에게는 새로운 것을 기대하기 어렵습니다. 회사가 사회와 함께 책임을 나누어 지고 학습 기회를 제공하고 역량을 기를 수 있는 환경을 조성하는 것이 저희의 일이라고 생각합니다.

마지막으로 7년 차 직원들에게 주어지는 한 달의 유급휴가가 있습니다. 성경에 나와 있는 안식의 원리를 기업에 적용한 것이죠. 연차 15일, 탄력근무제 등 일과 삶의 균형을 맞출 수 있도록 배려하고 있습니다. 제가 먼저 연차도 쓰고 안식월도 다녀와야 직원들이 편하게 이런 제도들을 쓸 수 있기에 일부러 회사를 많이 비웁니다. 직원들이 쉴 수 있는 고품격 카페테리아를 운영하고, 우수사원에게는 해외 견학도 지원합니다. 이 밖에 관계의 누림도 장려하고 있죠. 회사 밖에서 아기 엄마들끼리는 시장 구경도 같이 갈 정도로 관계가 좋습니다. 직원들과의 좋은 관계를 위해 시무식, 종무식, 송년회에서 신나는 파티를 열고요. 사옥 옥상은 언제나 루프탑 파티가 열릴 수 있도록 준비되어 있습니다. 신입사원들의 안착을 지원하기 위해 앰버서더 제도도 운영합니다. 입사 선배들이 점심시간과 티타임을 이용하여, 신입사원들이 조직에 잘 적응할 수 있도록 상담하고 돕는 프로그램이죠.

저희 회사는 비전과 미션을 이루어가는 4가지 핵심가치가 있습니다. 첫째는 고객 행복으로 최고의 제품과 서비스를 통해 고객, 직원, 거래처, 직원 가족 등 연관된 사람들이 행복을 추구한다. 둘째는 열정으로, 긍정적인 생각으로 안되는 이유가 아닌, 되는 방법을 찾아 모든 일에 주도성을 발휘한다. 셋째는 탁월함으로 해당분야의 100명에게 전문가로 인정받는 사람이 된다. 마지막은 팀워크로 나의 탁월함으로 팀과 동료의 성과를 돕는 사람이 된다. 그렇기에 조직은 매우 수평적입니다. 모든 직원이 직무는 있으나 직위는 없고, 직급이 아닌 업무 중심의 문화를 누리고 있습니다. 모두가 영어이름을 가지고 있으며 그대로 부르고요. 대외적인 직급 또한 팀장, 부팀장 밖에 없죠. 저는 모든 직원을 경영자로 생각합니다. 그래서 크게 지시하지 않고, 자기의 고유한 업무 영역을 열심히 할 수 있도록 지지해주기만 합니다. 직원들이 즐거운 분위기 속에서 서로 협력하고 소통하며, 변화하는 환경 속에서 나와 우리뿐이 아닌, 협력사, 구성원들의 가족, 고객 등 연관된 모든 사람들의 행복을 최고의 가치로 삼기를 바랍니다. 또 직원들은 1년, 3년, 5년, 10년 후의 성장계획서를 가지고 각자의 꿈과 목표를 실현하고 있습니다.

위기, 하나님의 절묘한 타이밍

2020년 상반기가 시작되자 가장 큰 위기가 찾아왔습니다. 이전에 사옥을 매입하고, 물류창고까지 매입하고 세팅하느라 회사에 있는 현금을 거의 바닥까지 긁어 사용했는데 겨울이 생각보다 춥지 않아서 이

불이 안 팔리는 것이었습니다. 정말 예상한 매출의 절반도 나지 않았습니다. 그렇게 명절은 다가오는데 월급을 못 줄 형편까지 되었습니다. 매일 기도하며 발을 동동 구르던 힘든 시기였는데 친구가 돈을 빌려주어서 다행히 명절을 잘 넘기게 되었습니다. 명절이 끝나자 엎친데 덮친 격으로 중국에서 코로나19가 터졌습니다. 창고에는 팔지 못한 재고가 가득 쌓여있었죠. 그런데 코로나19로 인해 3월 초까지 중국에서 제품이 하나도 들어오지 못하는 상황이 발생했고, 다행히 쌓여있던 재고들이 팔리기 시작했습니다. 만약 그 시기에 중국에서 들어오는 제품을 받았어야 했다면 다른 물류창고를 빌려 비용을 지불하고 상품을 보관해야 했을 만큼 물류창고는 꽉 차 있었습니다. 그 시기에 다른 회사들은 물건이 없어서 못 팔았는데 저희 회사는 있던 재고를 순차적으로 판매하는 역사가 일어났습니다. 또한 코로나19 이후로 온라인 판매율이 늘어나고, 사람들이 집에 있는 시간이 늘어나면서 침구류에 대한 구매가 증가해 모든 적자에서 벗어나게 되었습니다.

일상으로 보여주는 빛과 소금의 역할

저는 성경에 나온 가치대로 회사를 운영하면 거뜬히 성공할 수 있다는 것을 사람들에게 보여주고 싶습니다. 다른 기독교 기업을 따라하듯 매주 월요일에 예배를 드리고 성경 공부 모임을 만들 필요는 없다고 생각합니다. 회사 내에서 노골적인 전도도 하지 않습니다. 회사의 수익을 선교사역이나 교회를 개척하는데 지원하지도 않고요. 그러나 크리스천(기독교인)들이 저희 회사의 직원이 되었을 때에 요구하는 것들은 있습니다. 바로 이곳이 선교지라고 생각하고 해외 선교지에 가는 심정으로 기업에 와서 일해 달라고 부탁합니다. 믿지 않는 동료가 선교해야 할 대상이니 당신의 삶을 보고 예수님을 알 수 있으면 그것이 최고의 선교라고 알려줍니다. 직장에서 선교사가 되어 믿지 않는 동료를 잃어버린 영혼이라 생각하고 일하자고 하죠. 저는 이 회사에 다니는 비크리스천들이 예수님 믿는 사람들이 괜찮은 사람이라는 생각만 가질 수 있어도 좋다고 생각합니다.

그렇다 보니 늘 사내에는 감사와 기쁨이 넘치고 서로를 배려하는 분위기가 잘 정착되어 있습니다. 부드러운 분위기가 전도의 자양분으로 사용되고요. 믿지 않는 직원들은 다른 크리스천 직원들에게 선한 영향을 받고, 진지하게 기독교에 대한 궁금증을 가지기도 합니다. 기업을 경영한다는 것은 온몸으로 자신을 보여주는 일이기에 모든 말과 행동을 진실되게 하기 위해 최선을 다하고 있습니다. 지금까지 행해지던 잘못된 업계 관행을 따르지 않고 정직하고 투명하게 회사를 경영하는 일이 기독교인인 제가 해야 할 사명이자 하나님께서 원하시는 모습이라 생각합니다. 기업인으로서의 전도는 일터 현장에서 참된 그리스도의 제자도를 지키며 성경적 행동과 경영을 보여주는 것이 가장 어렵지만 가장 효과적인 방법이 아닐까 생각하는 것이죠. 교회뿐만 아니라 가정과 직장, 내가 서 있는 곳 어디라도 내가 가는 곳에 하나님 나라가 임하도록 빛과 소금의 역할을 감당하며 사는 것에 대해 끊임없이 고민합니다.

저는 대표로서의 거룩함도 항상 묵상합니다. 레위기 19:13의 "너는 네 이웃을 억압하지 말며, 착취하지 말며, 품꾼의 삯을 아침까지 밤새도록 네게 두지 말며"의 말씀을 매일 마음에 새기며 살아가고 있죠. 대표는 직원들의 생계적 책임을 지는 사람이기에 직원들이 불안하지 않도록 할 의무가 있습니다. 그래서 월급날은 오전 8시 이전에 반드시

임금을 지불합니다. 또 대표라고 편한 사무실에만 앉아 있지 않고 솔선수범하려고 의식적으로 노력합니다. 주문이 많이 들어와 물류센터의 일손이 부족하면 직접 포장작업을 하러 가기도 하죠. 가능하면 직원들의 언어로 소통하기 위해 노력하고 있고요.

저는 기독교인이 세상에서 인정받았으면 좋겠습니다. 교회 안에서만 인정받고, 섬기고 리더가 되는 일에 너무 몰입하지 않았으면 합니다. 일주일은 7일로 구성되어 있는데 우리는 그중 주일에만 너무 집중하고 살 때가 많습니다. 하나님은 7일을 모두 똑같이 창조하셨습니다. 어떻게 보면 주일 하루가 아닌 나머지 6일, 평일이 더 중요할 수 있는 것이죠. **주일이 아닌 평일에 서 있는 그 자리에서 빛과 소금의 역할이 무엇인지 고민했으면 좋겠습니다.** 비기독교인이 기독교인을 봤을 때 정말 예수님 믿는 사람이 어떻게 다른지 보여주는 사람이 되고 싶습니다.

마지막으로 하나님 나라가 구현되는 좋은 회사를 만들려고 끊임없이 노력하지만 우리 회사가 정답은 아니라고 생각합니다. 여러 가지 면에서 부족하고 늘 개선할 점이 있다고 생각합니다. 그렇기에 지속적으로 개선하고 나아지려고 노력하고 있고요. 그럼에도 불구하고 저는 직원들 모두가 각 분야의 대표가 되었으면 좋겠습니다. 실제로 사업을 쪼개서 능력이 있는 직원들을 대표로 세우고 싶은 생각이 있고요. 그 친구들이 대표가 되고 자아실현을 하고 좋은 이웃이 되는 선례를 만들고 싶습니다. 저는 제가 걷는 길이 누군가 간 적 없는 길이라고 생각합니다. 이 모습을 보며 누군가는 저런 것도 가능하구나, 저런 길이 있구나를 알게 하고 당신도 잘할 수 있다는 힘을 주고 싶습니다. 좋은 본이 되면 좋겠습니다.

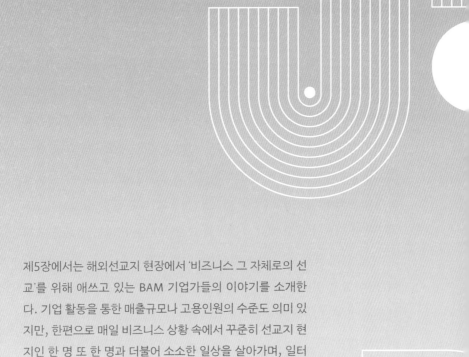

제5장
선교지
BAM 기업가
이야기

제5장에서는 해외선교지 현장에서 '비즈니스 그 자체로의 선교'를 위해 애쓰고 있는 BAM 기업가들의 이야기를 소개한다. 기업 활동을 통한 매출규모나 고용인원의 수준도 의미 있지만, 한편으로 매일 비즈니스 상황 속에서 꾸준히 선교지 현지인 한 명 또 한 명과 더불어 소소한 일상을 살아가며, 일터 현장에서 '삶으로 전하는 복음'을 구현하는 이들의 이야기는 특별한 가치를 지니고 있다. 김예채 작가가 캄보디아 헤세드 이봉래 대표와 C국 보이마루 유재철 대표를 인터뷰하여 글을 정리하였다.

팜슈거에 녹여낸
그리스도의 희생

이봉래 대표
헤세드

Business As Mission을 위해 준비시키신 하나님

저는 원래 근무하던 증권회사를 퇴사한 후, 1999년 기업 구조조정 전문회사(C.R.C)를 설립하고 기업 인수합병(M&A) 일을 했습니다. 부족하거나 부러울 것이 없는 상황 속에서 태어난 첫째 딸의 병으로 인해, 주변의 전도로 교회를 다니게 되었고 나를 향한 주님의 사랑과 계획을 알게 되었습니다. 세상의 것이 더 이상 나에게 의미 없음을 알고 운영하던 회사의 지분을 완전히 정리하고 하나님이 말씀하신 새로운 길을 가기로 결단했습니다. 2005년 '생명나무 복지재단'을 만들어 사회적으로 소외된 계층의 아동 청소년을 지원하는 일을 6년쯤 하고 있을 때, 더 적극적으로 주님의 사랑을 전하고 싶은 강한 마음을 주셔서 선교사로 나가야겠다고 결단했습니다. 2011년 제주도 YWAM에서 C.D.T.S 훈련을 아내와 4명의 자녀가 함께 받았습니다. 훈련 후 바로 사역지로 나가려고 했으나 하나님께서 때를 허락하지 않으셔서 가족들과 함께 제주도에서 3년 정도를 지내게 되었습니다.

제주도에서 지내면서 선교지에 나갈 준비를 하고 싶었습니다. 제가 잘 할 수 있는 선교전략이 무엇일까를 기도하며 고민하던 중 2000년 이후 선교전략으로 새롭게 떠오르고 있는 BAM(Business As Mission)에 대해 알게 되었죠. 비즈니스를 통해 선교할 수 있다는 것은 저에게는 큰 동기부여가 되었습니다. 비슷한 상황 속에 있는 제주 YWAM에서 훈련받은 분들 중에 비즈니스에 관심 있는 분들과 주 1회 모임을 시작하게 되었습니다. 처음 모임은 신앙적 진지함에 크지 않은 사교적 모임의 성격이 강했지만 시간이 지나며 점점 사역에 대해 진지한 생각을 가지게 되었고 참여인원도 늘어 20명 이상이 모이게 되었습니다. 대부분은 평신도였던 우리들이 선교현장에서 할 수 있는 사역에 대해 연구하고 발표하는 시간을 약 2년 정도 가지게 되었습니다. 한 달에 한 번 정도 실제 BAM 선교를 하고 계시는 선교사님들을 모실 기회가 있었는데 그분들의 사역에 대한 이야기를 들으며 한편으로는 도전이 되고 또 한편으로는 그분들의 어려움들을 들으면서 제가 알고 있는 것들을 선교현장에 접목시켜 보고 싶은 마음이 강하게 들었습니다.

함께 모임을 하던 20명 이상의 멤버 중 최종적으로 6-7명 정도가 남게 되었고 우리가 무엇을 하기 원하시는지를 하나님께 기도로 여쭈었습니다. 약 3개월의 시간 속에서 하나님께서는 우리가 BAM선교의 모델을 만들기를 원하신다는 것을 깨닫게 되었습니다. 저희 팀은 비즈니스 선교의 모델을 만들기에 적합한 나라를 찾기 위해 여러 나라를 같이 탐방하며 리서치 했고 최종적으로 캄보디아를 선택하게 되었습니다. 소득수준이나 인구분포와 인프라, 규제와 같은 행정적인 면 등을 고려해보니 모델을 테스트하기에 가장 적합한 나라라고 모두가 판단했기 때문입니다. 멤버십 안에 기도하며 국내에서 지원하는 사람과 선교지에서 모델을 직접 만들 사람을 구분했고 제가 캄보디아에 나가게 되었습니다.

가장 열악한 마을에 구원의 손길을 내밀다

캄보디아에 들어간 첫 해에는 KOTRA와 협력하여 캄보디아에서 가장 좋은 대학에 다니는 최우수 인재로 선발된 인원 30명에게 창업훈련을 시키는 디렉터로 사역을 시작했습니다. 그 청년들과 함께 캄보디아가 가지고 있는 깅짐들을 넌+했고 그 강점들 중 실제 창업으로 연결할 수 있는 아이템 3개를 선정하고 팀을 나누어 제일 잘하는 팀에게는 USD 50,000 불의 창업비를 지원하기로 했습니다. 6개월의 훈련을 통해 최종적으로 한 팀이 선발 되었고, 그 팀이 연구했던 과제가 현재의 비즈니스를 있게 한 '팜슈가'입니다.

팜슈가는 건기(1월~6월)동안 팜트리의 꽃술에서 나오는 꽃즙을 모아 졸여서 만드는 꽃액당입니다. '팜트리(종려나무)'하면 기름을 짜는 오일 팜을 흔히 떠올리지만, 팜트리에도 다양한 품종이 있습니다. 그중에서도 캄보디아의 국목(國木)인 '팔미라 팜트리'는 대량 재배가 아닌 캄보디아 곳곳에 자생하는 나무로, 건기에는 수입이 없는 농부들에게 오랫동안 좋은 수입원이 되어 주었습니다. 이 팔미라 팜트리의 꽃액즙을 한 방울씩 모은 후, 가열하여 수분을 증발시켜(6.5리터의 꽃액즙에서 1kg의 팜슈가를 얻음) 만들어진 것이 바로 '팜슈가' 입니다. 어떠한 첨가물이나 화학적인 정제 과정도 거치지 않은 천연 당이기 때문에 각종 영양소가 풍부합니다. 혈당지수(GI)가 평균 48±5정도(일반설탕100 이상, 꿀88, 메이플시럽73 등)로 낮아 몸에 부담이 적고, 코엔자임Q10, 엽산, 칼륨, 칼슘은 물론, 항산화 성분으로 유명한 '폴리페놀'이 꿀보다 20배 이상 함유되어 있습니다.

팜슈가는 보통 6.5리터의 수액에서 약 1kg의 팜슈가가 생산되는데 그 과정이 매우 힘듭니다. 농부들이 매일 15m 높이의 나무를 하루 2번씩 20그루나 올라가야 하고 보통 1개의 나무에서 하루 3~5리터의 수액을 모을 수 있습니다. 재배가 힘든 만큼 귀한 제품이기도 합니다. 이렇게 좋은 당임에도 불구하고 그동안 캄보디아에서 생산되는 팜슈가는 생산 과정이 비위생적이고 품질이 균일하지 않아서 잘 알려지지 않았습니다. 저는 여기서 사업의 기회를 발견했습니다. 캄보디아에서 특정 비즈니스가 지속 가능하고 경쟁력을 갖추려면 캄보디아에서 나오는 뛰어난 제품을 세계적인 수준으로 만들어 수출해야만 한다고 생각했습니다. 이에 부합하는 가장 좋은 조건의 제품이 팜슈가였습니다.

함께 연구하던 캄보디아팀 청년들에게 팜슈가 생산 지역 중 캄보디아 내에서도 가장 낙후된 지역을 찾으라고 이야기했고 청년들이 몇 곳의 후보지를 찾아왔습니다. 예전에 한 목사님께서 포도원 주인은 고용을 위해서 포도원을 하는 것이지 돈 벌려고 포도원을 하는 것이 아니라는 말씀을 하셨는데 이 말씀이 떠올랐어요. 저희는 사람들에게 선한 영향력을 전달하고 총체적인 삶의 변화를 추구하기 위해서 이 일을 합니다. 비즈니스를 통로 삼아 복음을 전하는 것과 모든 영역에 대한 개입을 통해 삶의 개선을 위한 일을 하는 것이 목표이기 때문에 지역사회와 접목시키는 것이 옳다고 생각했죠. 그리하여 캄보디아에서 제일 열악하다고 생각한 지역을 찾아가 한 마을을 선정하고 마을 이장을 찾아가 마을 잔치를 열었습니다. 캄퐁츠낭 마을의 주민들을 모아 식사를 대접하며 우리의 비즈니스를 설명하고 호소했습니다.

"저희는 캄보디아의 팜슈가를 세계적인 수준의 팜슈가로 만들고 싶습니다. 지금 이 팜슈가는 너무 좋은 원료이지만 위생 문제 때문에 다른 나라에 수출할 수 없습니다. 저희가 제시하는 방식은 그동안 여러분이 해오던 방식에 비해 귀찮고 까다로울 수 있지만 이 방식을 따라준다면 아주 좋은 제품의 팜슈가를 생산 할 수 있고 그런 제품은 수출도 할 수 있습니다."

저희가 제시하는 방법과 조건만 지켜준다면 농민조합 모두가 생산하는 팜슈가를 30% 이상 높은 가격으로 사드리겠다는 약속을 했습니다. 재고도 남지 않도록 생산량 모두를 전부 사드리겠다는 약속도 했습니다. 실세토 상비를 공급하고 어떻게 하면 위생적인 재배가 가능한지 교육도 했습니다. 모자, 장갑 쓰는 법, 손 씻기, 솥 관리법 등을 직접 다 전수했죠. 50가정 정도가 저희의 설명을 들었는데 낯선 외국 회사의 제안에 고개를 갸우뚱하던 주민들은 일곱 가정만 이 프로젝트에 동참했습니다. 형식상의 절차였지만 그분들과 계약서도 작성했습니다. 약속대로 저희의 방법대로 생산한 팜슈가를 30% 높은 가격에 전량 구매해 드리니 이분들의 근로 욕구도 함께 상승했습니다. 이런 현상을 지켜보던 주민들의 마음이 움직여 다음 해에는 20가정이 일하게 되었습니다.

서로를 믿기까지는 오랜 시간이 걸렸습니다. 농민들에게는 헤세드라는 회사가 그들의 이익을 착취하는데 목적이 있는 것이 아니라 잘 살게 해주려는 마음이라는 것이 점진적으로 전달되었습니다. 농민들은 스스로 회사가 제시한 조건을 잘 지키려고 노력하며 서로서로 돕는 하나의 공동체로 거듭나고 있었죠. 이렇게 점점 두터운 신뢰관계를 쌓게 되었습니다.

조금씩 비즈니스가 성장하자 저희는 다음 단계로 넘어갈 준비를 했습니다. 이전까지는 농부마다 개별 작업을 했었는데 효율성이 현저히 떨어졌습니다. 그래서 처음 함께한 가정 중 한 가정의 마당에 30명이 같이 쓸 수 있는 공동 작업이 가능한 공동 작업장을 만들어드렸습니다. 공동 작업장이 조성되자 먼저 일을 끝마쳐도 동료들의 일을 서로

서로 도와주며 공동 작업의 바람직한 모습을 갖추어 갔습니다. 처음에는 어색해하고 각자의 자기 일만 하시던 분들이 시간이 지나면서 자연스럽게 협업과 분업이 되고 공동 작업의 효율성이 증대되었습니다. 자동적으로 분업의 시스템을 이해하게 되신 거죠. 그렇게 변화되기를 기다렸다가 단계를 나누어 작업하는 단계까지 잘 성장할 수 있었습니다. 분업을 통한 공동 작업을 하니 같은 인원으로 생산할 수 있는 양이 약 50%이상 증가되었습니다. 당연히 함께 일하시는 농부들의 소득도 더 올라가게 되면서 이때부터는 마을의 많은 분들이 헤세드와 함께 일하시게 되었고 농부들의 개별 가정은 실질적으로 80% 소득증대 효과를 봤습니다. 소득이 늘고 협동할수록 모두에게 이익이 된다는 것을 농부들이 스스로 깨달으면서 자연스럽게 '이기적인 마음'도 사라졌습니다. 건강한 관계에서 더 건강한 팜슈가가 나왔고, 캄보디아 내수 판매도 2위까지 오르게 되었고 한국 수출도 성사되었습니다.

계단을 오르듯 점진적으로 비즈니스가 성장하면서 코이카에서 진행하는 IBS사업에 팜슈가가 선정되면서 총 133만 불 정도의 사업비를 지원받게 되었습니다. 이 사업비로 팜슈가를 만드는 신공장을 짓게 되었습니다. 더욱 더 위생적으로 생산할 수 있는 HACCP이라는 식품위생관리안전 인증이 가능한 공장을 만들게 된 것이죠. 이 사업은 한국의 꽃피는아침마을 이라는 전자상거래 업체와 함께 연계하여 진행하게 되었고, 팜슈가를 만드는 농부들의 조합도 커져 총 70가정이 1년에 100톤 정도 생산하는 업체가 되었습니다. 이런 상황이 국제적으로 잘 알려지면서 UN FAO에서 선정하는 지속가능한 K농업 최우수사례로 선정되어 최우수상을 받았고, 올해 3월에는 대만에서 아시아 태평양 사회 혁신상을 받았습니다.

코로나-19, 농민들과 더 돈독한 사이가 되다

코로나-19가 시작되면서 저희도 많은 어려움을 겪고 있습니다. 팜슈가는 대부분 캄보디아 면세점이나 외국인들이 주로 이용하는 대형 백화점 등에 납품되어 캄보디아를 방문하는 관광객들이 많이 구매하는 제품인데 코로나로 인해 관광객이 입국할 수 없게 되었기 때문입니다. 전체 매출의 1/2을 판매하는 캄보디아 내수시장이 어려워지면서 계속 재고는 쌓여갔습니다. 이대로는 도저히 어려울 것 같아 HESED 공동체 모두가 마음을 모아 기도하며 다른 방법들을 찾기 시작했습니다. 최근에는 한국 내에 중간 유통단계를 최소화한 건강한 유통구조를 가진 온라인 판매를 진행하게 되었습니다. 뿐만 아니라 이 상황을 돌파하기 위해 당이 들어가는 제품을 생산하는(예: 두유, 빵, 쿠키, 초콜릿, 커피 등등) 업체를 찾기 시작했습니다. 수익보다는 제품의 건강성을 추구하는 제품을 생산하려는 업체를 찾아 영업하여 벌크 단위로 대량 판매할 수 있는 루트를 개척하고 있습니다.

올해 캄보디아 내수시장은 코로나-19로 인해 팜슈가의 매출이 뚝 떨어졌습니다. 그러자 캄보디아에서 우리와 경쟁하는 일반 다른 업체들은 농민들에게 생산한 팜슈가를 구매하지 않으려 하고 있거나 구매를 하여도 가격을 낮추어 구매하려고 하고 있는데 이로 인해 팜슈가 생산 농가들의 어려움이 가중되고 있습니다. 하지만 헤세드는 처음에 농민들과 서로 약속했던 것을 이행하여 농민조합 분들이 규정에 맞게 생산한 팜슈가를 전량 약속한 가격 그대로 구매해 드리고 있습니다. 저희들도 코로나로 인해 상황이 어려운 것은 마찬가지지만 농민 분들이 더 어렵기 때문입니다. 농민 분들은 저희들이 약속을 지키기 위해 큰 손해를 감수하면서도 팜슈가를 구매하는 것을 알고 있고, 우리가 농부들을 진정으로 아끼고 사랑하는 것도 잘 알고 있습니다. 그리고 우리의 이러한 사랑의 시작은 우리가 받은 예수 그리스도의 사랑이라는 것을 아직 교회에 다니시지 않는 농민까지 전부 알고 있습니다. 코로나-19로 회사는 많이 어려워졌지만 이번 시기를 지나며 헤세드가 가진 농민 분들에 대한 마음과 진심을 더 잘 전달할 수 있었던 것 같고, 위기를 함께 보내며 더 돈독한 사이가 되었기에 그것으로 감사합니다.

섬김을 통해 보람과 감사를 느끼다

저희는 농부들에게 1년에 2~3번 잔치를 열어 드립니다. 한 번은 마을 전체 분들을 모두 불러 큰 잔치를 하고, 한 번은 관광버스를 대절해서 태어나서 한 번도 가보시지 못한 곳들로 관광을 시켜드립니다. 주로 바다를 보기를 원하는데 이분들은 태어나서 한 번도 바다를 보신 적이 없기 때문인 것 같습니다. 2박 3일 정도의 이 시간들을 정말 좋아하시고 많이 기다리시는 데 2020년은 코로나로 인해 진행하지 못해 많이 서운해 하셨습니다. 잔치를 할 때에는 뷔페식으로 다양한 음식을 넉넉히 준비하고 저희가 준비한 선물을 드립니다. 한 해는 올해는 무슨 선물을 드릴까 고민을 하다가 우리가 한국으로 수출하는 완제품 팜슈가를 드리면 어떨까? 라는 생각을 하게 되었습니다. 이 의견에 대해서는 농민들이 매일 나무에 올라가 재배하는 것이라 좋아하지 않을 것 같다는 반대 의견도 있었습니다. 제 생각에는 그분들이 생산하는 생산 단계의 팜슈가의 모습이 아니라 농민들이 생산한 팜슈가를 예쁘게 포장된 수출용 완제품의 형태로 받아 보시면 느낌이 다를 거라는 확신이 들었습니다.

직원들과 의견수렴의 과정을 거쳐 면세점에서 판매되고 해외로 수출되고 있는 완제품 팜슈가를 다른 선물들과 함께 농민들에게 나누어 드렸습니다. 그런데 선물을 받으신 분들이 더 비싸거나 좋아 보이는 제품보다는 수출용 팜슈가를 유심히 보시더니 많은 분들이 눈물을 흘리시기 시작했습니다. 그 이유는 캄보디아에서도 가장 열악한 최하 계층의 농민인 자신들이 만든 제품이 사신늘이 아는 최고의 선진국 중 하나인 한국으로 이렇게 예쁘게 포장되어 수출된다는 것이 너무 감격스러웠기 때문입니다. 농민분들은 자신이 이런 제품을 만들고 있다는 자부심이 생겼다고 했습니다. 그 이후로 농민분들이 일하시는 태도와 삶을 살아가는 방식이 많이 바뀌었던 것 같습니다. 자긍심과 자신감도 많이 생기셨던 것 같습니다. 이전보다 많은 소득을 얻을 수 있게 기회를 드린 것도 의미가 있지만 "나는 더 이상 아무것도 아닌 그런 존재가 아니야" 라는 마음을 가질 수 있는 기회를 드린 것이 더 큰 보람이자 가장 감사했던 순간으로 기억에 남습니다. 그때 팜슈가를 받고 눈물을 흘리던 농민들의 눈빛이 마치 감동적인 영화의 한 장면처럼 지금도 가끔 떠오를 때면 어느 때보다 큰 보람과 감사를 느낍니다.

지역사회 안에서 울타리가 되어주는 일

캄보디아의 인구는 1천 7백만 명 정도입니다. 종교의 자유가 보장되며 전도도 가능하죠. 그러나 헌신된 결신자는 많지 않습니다. 폴포트 시기의 잔재로 "NO"라고 잘 말하지 못해, 말로는 쉽게 예수그리스도를 영접하지만 구원의 확신 속에서 주님의 사랑을 깨달은 신앙인은 많지 않은 것 같습니다. 교회에 꾸준히 출석하지만 주님의 제자로 살겠다는 책임감 있는 크리스천을 만나기는 매우 힘들었습니다. 캄보디아에 있는 저희 헤세드 공동체 안에는 선교적 부름을 받은 7가정과 솔로가 3명 있습니다. 공동체 안에 6개 사업부(본사, 팜슈가, 건망고, 커피-장비&원두, 캐슈넛, 유기농가게, 농장 등)가 있고, 각자 파트를 나누어 맡고 있습니다. 현지에서 직접 고용한 캄보디아 직원들은 50여 명 정도이고 농부 조합은 총 80가정(150여 명) 정도 됩니다. 농민 가정들은 아직 15% 정도만 크리스천이고, 다른 분야도 30% 정도가 크리스천 직원들입니다. 한국 스텝과 캄보디아 정규직 직원들은 주일엔 각자가 섬기는 교회에 가고 월요일에는 아침에 함께 예배하는 것으로 일주일을 시작합니다.

코이카의 IBS사업자로 선정되고 팜슈가를 생산하는 공장을 새로 지었습니다. 6,000평(2헥타) 정도 되는 땅에 반은 공장을 지었고 나머지 반은 교회를 건축했습니다. 4년 전 처음 마을에서 팜슈가 사업을 진행하면서 먼저 교회를 세울 수 있었지만 저희들은 현지인들이 우리가 크리스천인 것을 충분히 알게 되고 저 사람들은 우리에게 정말 좋은 일을 하려고 온 것이라는 확신을 드린 후에 자연스럽게 교회가 세워지기를 기도했고, 때가 되어 교회 건축을 비로소 하게 되었습니다. 교회는 어린이 놀이터, 어린이집, 어른들의 공간이 될 수 있도록 평일에도 주말에도 편하게 오픈하고 있습니다. 이젠 자연스럽게 마을에 어떤 일이 생기면 교회에서 모이는 문화가 형성되었죠. 그렇게 교회의 문턱을 낮게 해주는 것이 저희가 할 일이라 생각했기 때문입니다. 또 구제사역도 병행하면서 자연스럽게 복음이 증거 될 수 있도록 하고 있습니다.

BAM의 모범이 되는 모델이 되는 것

저희 HESED공동체의 사명과 비전은 BAM을 통한 선교를 계획하고 준비하거나 이미 하고 계신 분들의 사역을 지원하는 체계화된 모델을 만들고 가치사슬(Value Chain)을 구축하는 것입니다. 해당 국가에서 처음 아이템을 이렇게 정하는 것이 좋을지부터 시작해서 어떠한 과정을 통해 점진적으로 발전시킬지, 또 그 과정 가운데 재정적으로, 기술적으로, 법률적으로, 도움을 어찌 받을지를 함께 고민하고요. 제품은 어떻게 디자인할지, 궁극적으로 제품을 판매할 내수와 수출시장을 어떻게 개척하고, 유통구조를 어떻게 만들지까지 직접경험과 많은 실제 사례 상담을 통해 얻게 된 것들을 나누는 것입니다. 저희가 가지고 있는 한국의 BAM 펀딩 기능과 한국과 미국에 있는 BAM 유통회사를 통해 지원함으로 BAM을 시작하려는 선교사님들의 무거운 짐을 조금이나마 덜어드릴 수 있다면 그것만으로 충분히 감사할 것 같습니다. 더불어 이런 모델들이 전 세계에 많이 세워지는 것을 목표로 하고, 시행착오 없이 잘 정착할 수 있도록 돕는 일들을 하고 싶습니다. 이 모든 시스템이 체계적으로 잘 교육될 수 있도록 교육 프로그램도 SfK(Synergy for Kingdom) KOREA의 BMT 프로그램을 통해 세팅하고 있습니다.

선교와 비즈니스, 사명을 가진 청년들이 도전의식을 가지고 새로운 것에 눈 뜨기를

저는 청소년 시기의 방황 끝에 고등학교 졸업을 하지 못했습니다. 그러다가 나를 도와줄 것이라고 생각했던 부모님의 사업 실패가 전환점이 되어 다시 공부를 시작했고, 검정고시를 보고 대학에 진학할 수 있었습니다. 제가 살아온 삶이 이렇다 보니 저는 방황의 시기를 거치는 청소년, 청년들에게 특별히 관심이 많습니다. 선교사로 파송 받은 모교회에서 300명 정도 되는 청년부의 청년부 부장을 하면서 많은 크리스천 청년들과 만나고 여러 이야기를 나눌 기회가 있었습니다. 모두는 아니지만 제가 만나고 이야기하며 느낀 청년들은 편안하고 안락하며 안정된 삶만을 너무 많이 원하는 것 같았습니다. 주님의 제자로 주신 사명을 따라 도전하며 살겠다는 야성이나 의지를 가진 청년들이 너무 귀한 시대입니다.

저는 이 안락함과 안정됨을 최고로 생각하는 청년들에게 이야기하고 싶습니다. 눈을 높이 들어서 크게 넓게 보라는 것입니다. 지금 당장은 아닐지라도 곧 우리에게 많은 기회가 주어질 제3세계 국가들을 보라는 말을 하고 싶습니다. 특별히 기독 청년들에게 꼭 전하고 싶습니다. 기회를 얻기가 너무 어려운 한국에서 고민하거나 방황하지 말고 앞으로 많은 기회가 주어질 다른 나라들을 한번 바라보라는 것입니다. 그 나라에는 세상적인 기회뿐만 아니라 위대한 그리스도의 사랑을 전할 기회도 같이 주어지기에 저는 이보다 더 좋은 것이 없다고 생각합니다.

해외에서 새로운 도전과 시도를 하는 청년들을 한국에서 협력하거나 지원할 수 있는 단체는 많이 있습니다. 이런 비전을 가지고 있는 청년들이 있다면 저희 단체뿐만 아니라 여러 단체를 통해 먼저 교육을 받고 현지에 나가 1년 정도 해당 국가를 리서치를 하며 트레이닝을 받을 수 있습니다. 기간 경과 후 본인이 하고 싶은 영역에 대한 보고서를 제출할 수 있습니다. 저희들은 이 보고서를 검토하고 성실하게 작성되었다는 전제하에 제안한 사업의 타당성이 있다면 일단 작게 라도 시작할 수 있는 시드머니를 투자할 수도 있고, 진행 단계에 따라 다음 스테이지로 가야한다면 그에 합당한 투자금을 더 지원하거나 지원 가능한 기관을 연결하고 있습니다. 저희뿐만 아니라 다른 단체도 이러한 청년들에게 지원하고자 하는 단체는 많은 것으로 알고 있습니다. 짧은 안목으로 단기간에 이루려고만 하지 않고 긴 안목을 가지고 기도하시며 도전한다면 저는 많은 분들에게 더 많은 좋은 기회가 있을 것이라 믿습니다.

보이는 세상에서 보이지 않는 하나님의 능력으로 사는 청지기의 삶

유재철 대표
보이마루

목회자로 정해졌던 삶,
Business as Mission의 삶을 살기까지

저는 전통적 목회자입니다. 모태신앙으로 태어나 신앙생활을 했고 어릴 때부터 교회 안에서 자랐습니다. 어머니께서 제가 뱃속에 있을 때, 저의 의견과 관계 없이 저를 주의 종으로 바치겠다고 서원을 하셨죠. 중학교 2학년에 이 이야기를 듣게 되었고 굉장히 긴 방황의 시간을 보냈습니다. 내 삶을 내가 선택할 수 없다는 좌절감과 어머니가 선택한 길을 가야만 한다는 답답함에 가슴이 턱 막혔죠. 그 시기에는 목회자가 된다고 하면 가난하고 힘든 삶이 기다리고 있다고 생각했어요. 강한 반항심을 품은 채로 방황의 시간들을 보냈습니다. 그러던 중 고등학교 1학년 때 하나님을 인격적으로 만나게 되었죠. 그 이후 목회자가 되겠다는 꿈을 바꾼 적 없이 지금까지 살고 있습니다.

신학을 하고 교회 안에서 사역을 하고 있던 어느 날, 세계선교라는 비전을 받았습니다. 1992년부터 섬기던 교회에서 중국선교를 하고,

2002년 CDTS 훈련을 받고 자주 현장을 다니던 중 하나님께서 창세기 12장을 통해 나가는 선교사가 될 것에 대해 응답을 주셨죠. 2005년 11월, 그렇게 C국 땅에 처음 오게 되었습니다. 아내와 아이 셋을 데리고 함께 왔는데 이 땅을 돌아보니 할 수 있는 것이 아무것도 없어 보였습니다. 막막했지만 하나님께서 허락하시는 만큼씩 사람을 만나고 교제하며 지냈습니다. 그러던 중 어느 선교사님이 제게 보이차를 소개했는데 이 차를 마시면 몸이 좋아진다고 말하더라고요. 하루도 커피 없이 지내기 힘든 사람이라 한국에서 맥심커피를 왕창 챙겨왔는데 커피를 마시지 않고 한동안 보이차를 마셨더니 뱃살도 빠지고 순환이 잘 되었습니다. 그래서 보이차를 조사하고 연구하기 시작했고, 이 곳이 보이차의 산지라는 것까지 알게 되었습니다.

어느 날 저는 어느 소수민족의 마을 차산지로, 20만 명이 사는 작은 도시에 정탐을 떠났습니다. 그 작은 도시에 보이차 공장이 하나 있었는데 그 공장 하나가 20만 명을 먹여 살린다는 것을 알게 되었죠. 그 보이차 공장이 주민들에게 학교와 교회를 지어주고 생활전체에 영향을 주는 모습을 보면서 '보이차 사업을 하면 지역주민들에게 큰 도움이 되겠구나'라는 생각을 하게 되었습니다. 그 때 마침 그 공장을 당시 시세로 2,500만 원 정도에 인수할 수 있는 상태였기에 그 공장을 인수하려고 했었습니다. 그 정도의 물질을 투자해서 20만 명을 먹여 살릴 수 있다는 것은 비즈니스뿐만 아닌 선교적 개념으로 봐도 안 할 이유가 없는 선택이었습니다.

정탐에서 돌아와 보니 제가 있는 곳에선 외국인이 단독으로 투자할 수 없었습니다. 왜냐하면 보이차 산업 자체가 보호 산업으로 되어 있어 현지인과 합작으로 진행해야만 할 수 있는 상황이었습니다. 얼마 후 다시 그 도시에 갔을 때 보이차를 재배하며 농약을 쓰는 모습을 보게 되었고, 농부들이 농약을 사용·해 보이차를 재배했기 때문에 제값을 받지 못하고 있는 사실을 알게 되었습니다. 저는 바로 하나님께 기도했습니다.

"하나님, 농약을 쓰지 않는 방법도 있지 않을까요?"

얼마 후 기도 응답으로 직접 보이차를 재배하고 가공할 것에 대한 답을 주셨고, 그렇다면 자연농법을 할 줄 아는 사람을 만나게 해달라고 또 다시 기도했습니다. 얼마 지나지 않아 한국에서 몇 년 동안 자연농법으로 농사지었던 모 집사님과 청추 대학에서 미생물 연구를 하셨던 모 교수님, 그리고 중국에서 중의학을 공부한 모 집사님과 다른 한 선생님과 함께 협력이 되었습니다.

그렇게 2,000평의 보이차 밭을 마을의 한 가정과 함께 무농약으로 직접 재배하는 일이 시작되었습니다. 비즈니스를 크게 하겠다는 생각보다 얼마 남지 않은 2008년 북경 올림픽을 위해서 무농약으로 재배하는 보이차가 나와야 주민들의 소득이 증대되고 국가의 이미지를 좋게 심어 줄 수 있을 것이라는 순수한 개념을 가지고 접근하게 된 것이죠. 자연과 공존하는 하나님의 창조섭리를 가지고 재배하여 수익도 올릴 수 있는 친환경농법을 차근차근 알리기 시작했습니다. 농부들에게 담뱃잎을 우린 물이나 고춧가루 푼 물을 뿌려 벌레를 쫓는 농법 등을 전달했죠. 친환경농업은 금방 입소문을 타고 퍼졌습니다. 어느 차(茶) 동호회에서는 이렇게 재배된 보이차를 맛 본 후 "야생차처럼 품질이 좋다"는 평가까지 했습니다.

소득이 증가하고 보이차의 잎이 좋아지고 땅이 좋아지니 나중에는 마을의 촌장이 찾아와 마을의 모든 가정이 친환경농법으로 재배할 수 있도록 해달라는 요청도 했었습니다. 그 마을에는 총 19가정이 살고 있었는데 기회를 살피던 저희 전도팀이 그 마을에 들어가 초청잔치를 열고 예수님을 전하고 영접을 하게 되었습니다. 또한 주변의 미전도 종족이 있는 마을을 찾아다니며 친환경농법을 알려주고 찻잎을 사들이거나 웃돈을 주고 특산물을 사주기도 했습니다. 비즈니스와 미션이 점점 활성화 되면서 회사를 설립해야 할 기로에 서게 되었습니다. 하나님께 재정을 놓고 기도하던 중 "네 것 있지 않니?"라는 물음에, 생각해보니 한국에 9평짜리 반 지하 집 하나가 남아 있었습니다. 아깝지 않은 마음으로 그것을 팔아 재정을 투자해서 이 일을 본격적으로 시작하게 되었죠.

회사가 설립되고 나니 생각지도 않았던 사업을 열심히 해야 했습니다. 저는 원래 무엇이든 그냥 주는 것이 좋은 사람이었는데 제품에 이윤을 남겨 팔아야 하니 도둑질하는 것 같고 어려운 마음이 들어 초반에는 굉장히 힘들었습니다. 그런 여러 과정을 거쳐 비즈니스가 무엇인지를 알게 되었고 제품을 팔아 다시 투자하고 재생산하는 것까지 모든 과정을 새롭게 배우게 되었죠. 원가계산, 교통비, 비용, 인건비, 투자비 등 전혀 관심도 없고 계획도 경험도 없던 비즈니스를 3년 동안 배우며 성장하게 되었습니다. 아무도 가르쳐 주는 사람 없이 혼자 이 모든 것을 해야 했기에 힘든 시간이지도 했지만 그 3년 동안 많은 사람이 예수님을 영접하는 생각지도 않은 열매로 마음에 위로와 감격도 주셨습니다. 그렇게 비즈니스가 시작되었습니다.

보이차로 하나님 앞에 예배자로 서다

저희 회사명은 보문 상업 무역 유한 회사입니다. 이 안에 보이차를 제조, 판매하는 '보이마루'와 '운자사계'라는 브랜드가 있죠. 보이차를 생산, 제작, 유통까지 하고 있으며 최근에는 쩐주나이차라고 불리는 밀크티 브랜드도 새롭게 시작되었습니다. 이를 통해 미전도 종족, 히말라야 산맥 등 한 번도 복음을 듣지 못한 사람들에게 나아갈 목표를 가지고 있습니다.

저의 경영철학은 딱 한 가지입니다. "하나님 앞에서 한 사람의 예배자로 온전히 서자"입니다. 이 한마디 안에 비즈니스에 필요한 정직, 성실, 청지기라는 단어가 다 들어있습니다. 내가 누군가에게 보이차를 소개했을 때 그 사람이 정말 행복해야 한다는 생각을 가지고 일하고 있고요. 이 행복은 하나님을 만났을 때의 행복과 같아야 한다고 생각합니다. 내가 하나님을 잘 아는 것만큼 그만큼 보이차를 잘 알아야 하고 확신이 있어야 다른 누군가에게 소개할 수 있습니다. 지금까지 비즈니스를 하면서 두 가지 핵심가치를 붙들고 씨름하는데 첫째는 보이차에 대한 전문성을 높여야겠다는 것과 둘째는 현지인들에게 하나님의 성품과 마음으로 바르게 해야겠다는 것입니다. 무슨 일을 하던 그 자리에서 한 사람의 예배자로 온전히 서는 것보다 중요한 것은 없다고 생각합니다.

위기, 하나님의 일하심을 묵상할 때

사업을 하면 매일이 위기이지만 특별히 기억되는 몇 가지 일들이 있습니다. 첫 번째 위기는 교회와의 관계에서 겪었던 일이었습니다. 당시 Business As Mission에 대한 인식이 요즘처럼 세워지지 않았던 터라 파송한 교회에서는 비즈니스를 하는 것을 반대했고 우리는 선택해야만 했습니다.

한국으로 돌아가던지, 다른 지역으로 가던지, 보이차 사업을 그만두던지요. 파송교회가 저희의 생활비를 후원해 주고 있었기에 이 문제가 저희에게는 작은 것이 아니었습니다. 아내와 함께 일정기간 이 문제를 두고 기도하게 되었습니다. 하나님께서는 저와 아내에게 동일하게 하나님께서 응답하셨습니다. 현지에서 만났던 사람들의 눈빛을 떠오르게 하신 거죠. 저희가 남아야 할 것에 대한 마음을 강력하게 응답해 주셨습니다. 그리하여 파송교회에 이곳에 남기로 했다는 답변을 드리자 교회의 후원비가 끊어지게 되었습니다.

저희 가정은 갑자기 후원비가 끊기게 되어 몇 달 동안 수입이 하나도 없는 채로 지내게 되었습니다. 이 시기는 비즈니스의 수익구조가 나오지 않을 때였기에 전혀 수입이 없었기 때문입니다. 수입이 있더라하더라도 제가 세운 3가지의 재정원칙 때문에 그 돈을 쓸 수 없었습니다. 저희 재정원칙은 첫째, 나의 정체성은 선교사다. 둘째, 나의 재정의 공급은 하나님이시기 때문에 비즈니스를 통해 생활비로 가져가지 않는다. 셋째, 이곳에 투자되는 모든 것은 내가 책임지지만 내가 돌아갈 때에는 하나도 가져가지 않는다. 이 원칙이 저를 붙잡았던 것이죠. 하지만 놀라운 것은 돈이 필요할 때마다 카드를 가지고 필요한 돈을 찾으면 신기하게도 딱 그만큼의 돈이 인출되는 것이었습니다. 마음이 두근거려 잔액 확인을 하지 않은 채 그렇게 만나와 같은 하나님의 도우심으로 몇 개월을 살아가게 되었습니다.

두 번째는 2008년 아내가 뇌경색으로 쓰러졌던 일입니다. 사역을 함께 뒷받침하던 아내의 건강이 어려워지자 불안했습니다. 급박하게 한국에 들어가 치료를 받고, 하나님의 도우심으로 호전되어 2009년 상반기에 다시 이곳으로 들어오게 되었습니다. 전화위복이라는 말처럼 이후 2010년부터 비즈니스도 손익분기점을 넘어서기 시작했습니다. 드디어 지속 유지가 가능한 회사가 되었고 성장하는 시점으로 도약하게 된 것입니다. 그 이후에는 매년 매출이 상승하고 있습니다.

마지막으로 이곳의 매장은 일 년에 한 번씩 연세를 냅니다. 매년 500-600만 원씩 지불해야 하는데요. 그때마다 재정이 부족했습니다. 만약 오늘 5시까지 주인에게 연세를 보내야 하는데 통장 잔고가 없으면 발을 동동 구르며 기도하게 되는데요. 참 신기하게 오후 2-3시쯤 모자란 잔고만큼의 주문이 딱 맞게 들어와 연세를 보낼 수 있게 됩니다. 저희 직원들 사이에서 재정에 관련된 이런 일들은 이제 너무 자주 일어나 기억이 아닌 자연스러움이 되었습니다. 대표인 저는 불안해하며 기도해도 저희 직원들은 하나님께서 채워주실 것을 당연히 믿고 있다는 것이 더 놀랍습니다.

코로나-19, 위기를 복음을 전하는 기회로 변화시키다

2020년, 해외에서 신년을 맞이한 것이 벌써 15년째입니다. 매년 구정이 되면 복음을 전한 현지인 집 두 곳을 방문하여 함께 구정을 보냈는데요. 코로나가 시작된 작년 구정에도 선물을 싸 들고 편도 580km의 거리를 출발했습니다. 그런데 출발한 지 얼마 되지 않아 방문할 현지인 형제에게서 전화가 왔습니다. 코로나 때문에 공안들이 손님을 못 받게 한다는 것이었습니다. 어쩔 수 없이 그곳은 포기하고 남은 한 군데라도 가야겠다는 마음에 계속 6시간을 운전을 해갔습니다. 그러나 도착한 곳 역시 삼엄하게 검문을 하고 외지인의 차를 모두 돌리게 했습니다. 제자는 우리를 위해 백숙을 해 놓았다는 말을 하며 아쉬워했습니다. 결국 다시 580km를 운전해 집으로 돌아왔습니다. 이때를 시작으로 중국

　　　　　　　　　　BAM : 비즈니스 세계에서 복음을 살다

에 코로나19가 점점 더 심해지고 모든 국경이 차단되었습니다.

그때 마침 고3인 제 아들이 여권 만료와 비자 갱신 문제로 한국에 나가 있었습니다. 나간 김에 친척들에게 인사도 드리고 구정이 끝난 이후 다시 돌아오는 일정이었습니다. 이 곳 상황이 심상치 않게 돌아가고 있었습니다. 거리에 사람들은 대부분이 마스크를 하고 다니고 마트에는 식품을 사재기는 사람들도 가득했습니다. 이미 동나버린 알코올과 마스크는 구할 수 없었습니다. 그제야 우리 집에도 마스크가 없고 다른 한인들도 미처 준비하지 못했을 것이라는 생각이 들었습니다. 급한 마음에 한국 이곳저곳에 도움을 요청하고 사비를 털어 마스크 300여만 원어치, 약 2만 개를 구입하여 아들의 입국 시 가져오도록 했습니다. 비행기가 언제 취소될지 몰라 최대한 앞당겼고, 아들은 마스크를 최대한 압축 팩에 넣어 꾸린 총 8박스의 물건을 추가 비용을 지불하고 비행기에 실었습니다.

아들이 입국하는 날, 공항에 나와 초조한 마음으로 아들을 기다렸습니다. 나올 시간이 한참 지났음에도 아들이 나오지 않자 세관에 걸려서 입국이 어려우지지 않나, 마스크를 빼앗겼나 등 여러 생각에 걱정이 되어 간절히 기도했습니다. 그 순간 얼굴에 마스크를 쓰고 카트에 큰 박스 8개를 가득 끌고 나오는 아들의 모습이 보였습니다. 아들도 많이 긴장한 모습이었습니다. 혼자 감당하기 어려운 물량을 가득 챙겨 무사히 도착한 아들에게 수고했다 말해주고 꼭 끌어안아 주었습니다. 돌아오는 차 안에서 아들은 비행기를 타고 오면서 기도하는데 하나님께서 확신을 주셨다고 이야기 했습니다. 잠시나마 아버지의 마음을 느꼈다는 아들을 통해 하나님께서 감동을 선물해 주셨습니다.

코로나19로 인해 제가 있는 지역은 어디서도 마스크를 구할 수 없었습니다. 소독제도 마찬가지였습니다. 그래서 마스크 그 자체만으로 사람들에게 복음이 되었습니다. 아무 대가 없이 마스크를 준다는 말이 기쁜 소식으로 들린 것이죠. 제자들과 한 손에는 마스크를 한 손에는 전도지를 들고 복음을 전할 수 있었습니다. 이곳은 자유롭게 길거리에서 전도하는 것이 쉽지 않은데 마스크를 나눠주며 전도할 때에 복음의 자유를 느끼게 되었습니다. 전도지를 나눠주며 집에 가서 그 종이를 잘 읽어보라고 당부하고, 그 안에 소망이 있고 평안과 하나님의 사랑이 있다고 전했습니다. 정확한 마스크 사용법도 함께 알려주었고요. 그러자 그들이 마음을 열고 우리를 믿기 시작했고 여러 가지 질문도 했습니다. 우리를 예수님의 사람으로 인정하고 선생님이라고 부르기 시작했습니다. 예배에 오는 사람들도 늘어났습니다. 우리는 이 어려운 때에 마스크가 기쁜 소식이 되어 예수님의 사랑을 증거 할 수 있음이 감사했습니다.

코로나19로 국경이 모두 폐쇄되고, 보이마루 비즈니스의 매출은 급격히 감소했습니다. 위기가 찾아왔습니다. 누군가 진짜 승리자는 살아남은 자라고 했는데 어떻게 살아남을 것인가에 대한 고민이 끊이지 않았습니다. 하나님의 사람답게, 하나님의 절대주권과 공의와 사랑을 아는 사람답게 살아남고 싶었습니다. 매일 아침 직원들과 4가지의 기도제목을 놓고 기도했습니다. 첫째, 상처 입은 사람들이 하나님의 사랑으로 치유 되도록, 둘째, 지금 이 때에 교회가 회복되고 세상을 향해 복음이 전해지도록, 셋째, 세계가 어려움을 당하는 가운데 하나님의 은혜가 임하시기를, 마지막으로 지금 우리에게 주시는 메시지와 부르심에 민감하게 반응하도록 말입니다.

코로나19가 터지고 매출이 급감하여 직원들에게 처음으로 회사 상황을 공유했습니다. 가장 쉬운 방법은 비용을 줄이는 것으로 직원 숫자를 줄이는 것이었습니다. 그러나 그럴 수 없었습니다. 그들은 식구

이자 제자였기 때문입니다. 그래서 끝까지 함께 이겨내자고 했고, 모두가 월급을 자진 삭감하며 함께 버텨 주었습니다. 하지만 이 마저도 마음이 편치 않았습니다. 저는 최대한 빠른 시일 안에 월급을 정상 수준으로 회복시켰습니다. 이 과정에서 예상치 못한 시너지가 크게 일어났습니다. 모두가 BAM 사역 전체를 자기 일처럼 대하고 열심히 기도하고 있는 것이었습니다. 현지인들을 해고하지 않았다는 소식이 주변에 알려지면서 보이마루는 '일하고 싶은 회사'가 되었습니다. 하나님께 감사드리며 오늘도 마땅히 각자가 져야 할 십자가를 지고 영광스러운 길 위를 따르기를 기도했습니다.

모두에게 행복 바이러스, 선한 영향력을 끼치는 회사

저희 회사는 매주 월요일 직원들과 오전 시간 문을 닫고 예배를 드립니다. 이 시간에 선교 비전, 전략, 하나님이 주시는 마음, 우리의 자질, 복음의 본질에 대한 이야기들을 같이 풀어내고 기도하죠. 이 시간이 있기 때문에 한 마음으로 서로를 섬기고 이웃을 섬길 수 있는 것 같습니다. 내부적으로는 이렇게 공동체를 이루며 지내고 있고요.

지역사회에서 믿는 않는 분들과도 좋은 관계를 맺기 위해 노력합니다. 저희 매장이 같은 자리에 15년째 자리 잡고 있는데요. 이 골목 안에 있는 현지인들에게 명절마다 김치나 다른 선물도 드리면서 자연스럽게 이 분들이 우리가 예수님을 믿는 사람인 것을 알게 했습니다. 또 현지인들 사이에서 이 회사는 무엇인지 모르지만 행복하다, 좋다라는 이미지를 가지고 있기 때문에 누구든 저희 가게에 와서 일하기를 원합니다.

얼마 전 밀크티를 판매하는 매장을 사람이 주로 다니지 않는 골목에 오픈하게 되었는데요. 요즘 젊은 친구들이 밀크티를 좋아하고, 훗날 미전도 종족이 있는 곳에 이 매장을 프랜차이즈로 가지고 갈 계획을 가지고 시작하게 되었습니다. 어떤 지역에 들어갈 때에 새로운 문화를 함께 가져가면서 선교사를 파송할 수 있다는 생각에 확신을 가지게 되었죠. 밀크티 매장은 정식으로 오픈한지 5개월 정도 되었는데, 사람이 없던 골목에 사람이 많아지고 우리의 인테리어나 컨셉을 따라하는 매장들이 골목에 생겨나기 시작했습니다. 사람이 없는 곳에 매장을 시작할 때 우리 매장 때문에 사람이 모이는 골목이 되게 해보자라고 기도했는데 그에 대한 응답을 주신 것이죠. 지금은 골목도 살아나고 유동인구도 몇 배나 많아져 얼마나 감사한 일인지 모릅니다.

최근 선교사들이 추방을 당하면서 비즈니스를 해야만 하는 상황이 되었습니다. 그래서 2010년 10개의 한인 기업이 창업스쿨을 통해 함께 하게 되었는데 그분들이 사업을 시작하고, 지역사회 안에 새로운 인식을 가지게 하고, 비즈니스를 제대로 할 수 있도록 돕는 역할도 하고 있죠. 또한 비즈니스를 하는 대표들이 모여 Business As Mission의 이름으로 함께 기도모임을 하며 이 땅을 위해 기도하고 예배까지 드릴 수 있도록 환경이 열리게 되었습니다. 함께 일하는 직원, 지역사회의 현지인들, 뿐만 아니라 이곳에서 외롭게 비즈니스를 하는 대표님들에게까지 선한 영향력과 행복 바이러스를 전달하며 잘 연합하여 계속해서 하나님 나라를 이루어가고 싶습니다.

세상에서 축복의 통로가 되는 보이마루가 되기를

보이마루는 이 세상에서, 첫 번째로는 예배자의 통로가 되었으면 좋겠습니다. 우리가 정말 살아계신 하나님을 머리가 아닌 가슴으로 느껴지도록 믿고 있는가? 우리 삶의 열매로 예수의 이름이 드러나는 삶을 살고 있는가? 라는 질문으로 매 순간 점검하고 삶으로 보여주어야 하는 위치에 있는데요, 그래서 우리를 만나는 많은 사람들이 우리를 통하여 예배자가 되는 꿈을 꿉니다. 한 사람의 신앙이 '하나님 앞에 어떻게 살아내느냐?'라는 질문을 끊임없이 던지며 하나님이 제게 주셨던 단어는 '예배자'였습니다. 비즈니스, 삶, 경제 영역에서 하나님의 원리대로 완전하게 살 수 없지만 내가 살아내는 영역 안에서 끊임없이 싸우는 것이 예배자의 태도라고 생각합니다. 그 속에서 성령님께서 가만히 있지 않으시고 우리를 거룩한 예배자로 세우시고 하나님의 일을 완성 시킬 것이라 생각합니다.

두 번째로는 축복의 문이 되면 좋겠습니다. 저희 회사 이름이 '보배로운 문'이라는 뜻을 가지고 있는데요. 이 땅에 비즈니스 안에서 하나님의 통치와 공의가 세워지며 우리 기업을 통해 이 일이 행해지면 좋겠다고 생각합니다. 하나님의 방법대로 살다가 죽는 삶이 되고, 한 알의 밀알 되어 우리를 거치는 모든 사람들이 축복의 문으로 들어갈 수 있었으면 좋겠습니다. 세상 사람들이 내 이름을 알지 못할지라도 예수님의 이름만 드러나고 예수님만 남기는 것이 가장 중요합니다.

매 순간 가장 큰 선교지는 바로 나 자신이라고 생각합니다. 나의 생각과 내 마음 속에서 언제나 하나님을 경험하며 하나님께서 주인 되고 계신지 점검합니다. 하나님이 주인 되지 않은 그 곳이 바로 선교지입니다. 결국 비즈니스와 미션의 영역에서 사는 것은 사람이며 어떻게 사느냐, 누가 주인 된 삶을 사느냐가 가장 중요합니다. 매 순간 나의 삶의 동력이 무엇인지 살피며 하나님만 섬기며 겸손하게 살기를 기도합니다.

제6장

하나님 나라
기업가 정신

기업가정신이란?

'네카라쿠배당토', 요즘 청년들이 가장 선호하는 회사인 네이버, 카카오, 라인, 쿠팡, 배달의 민족, 당근마켓, 토스의 첫 글자를 모은 것이다. 네이버는 역사가 20년 정도 되었지만 다른 회사는 최근 10년 안팎에 창업된 신생 기업들이다. 이러한 기업들은 기존 기업을 모방한 것이 아니라, 기업가정신(entrepreneurship)을 바탕으로 새로운 사업영역을 개척하여 각 분야에서 독보적인 경쟁우위(competitive advantage)를 구축하는데 성공했다. 또한 기존의 대기업과 다른 개방적이고 수평적인 의사소통이 활발한 기업문화를 만들었고, 급여나 복지 수준에서도 최고 수준에 이르렀다. 그 결과 대학생들의 취업 우선순위가 삼성전자, SKT, LG전자, 한국전력공사 등 전통적 대기업에서 이러한 신생 기업들로 바뀌게 되었다.

기업가정신은 사업을 일으키고자 하는 마음과 행동을 의미한다. 많은 불확실성(uncertainty)과 위험(risk)을 감수하면서 도전정신을 가지고 사업을 일으키어 새로운 가치를 창조하는 활동이다. 자원의 제약을 감수하면서 새로운 기회를 포착해 사업화하려는 행위 또는 과정을 의미한다. 우리 주변에 보는 수많은 제품과 서비스는 바로 기업가정신이 발휘되어 세상에 나타나게 된 것이다.

기업가정신은 한 사회의 흥망성쇠를 결정하는 가장 중요한 요소 중의 하나이다. 그 이유는 사업을 통해 수많은 혁신(innovation)을 일으키기 때문이다. 역사를 통해서 볼 때 혁신과 기업가정신이 활발한 나라는 발전했고 그렇지 못한 나라는 쇠망했다. 18세기 산업혁명을 주도한 영국은 세계를 제패했고, 프랑스, 독일, 스웨덴, 네덜란드, 스위스, 일본 등 수많은 나라들이 혁신과 기업가정신 활성화를 통해 선진국가

를 만들었다. 20세기 혁신과 기업가정신이 가장 활발한 나라는 미국
이 되었고, 21세기에 들어서 중국이 부상하면서 미중간 패권경쟁으로
인한 대결구도가 형성되었다.

　기업가정신은 사회의 건강성을 유지하는 핵심적인 요인이다. 태어
난 환경이나 계층에 따라 삶의 수준이 정해지는 사회는 건강한 사회가
아니다. 사회계층의 장벽을 넘어서서 이동하는 현상을 사회적 이동성
(social mobility)라고 하는데, 기업가정신은 이를 촉진시키는 동인으로
서 중요성을 가지고 있다. 자신이 처한 환경의 불리함에 굴하지 않고
한계를 넘어서기 위한 열정과 분투는 개인의 발전뿐만 아니라 사회의
발전을 실현하게 한다. 사회는 구성원들이 성취욕구(achievement needs)
를 가지고 더 나은 미래를 만들기 위해 노력하고자 하는 태도와 의욕
이 기업가정신의 핵심이다.

　한국은 후발 산업국가로서 60년대 중반에 이르러서야 본격적인 산
업화를 시작했다. 기적적으로 반세기 만에 세계 10위의 경제대국을
만드는 데 성공했다. 수많은 기업가가 나타나고 기업이 만들어지면서
혁신과 기업가정신이 발휘되었기 때문이다. 일본 식민지에서 해방된
후 분단국가가 되었지만 자유민주주의와 시장경제체제를 택한 남한은
혁신과 기업가정신이 활발하게 나타나면서 발전할 수 있었다. 그러나
공산주의 체제를 선택한 북한은 혁신과 기업가정신의 발휘가 어렵게
되면서 70년대 초까지만 해도 남한과 비슷한 수준이었지만 2020년 현
재 일인당 국민소득 기준 27배의 격차를 나타내게 되었다. 자유와 개
방이 기업가정신을 발휘하게 하는 가장 중요한 토양임을 알 수 있다.

　20세기 최고의 경영사상가인 피터 드러커는 한국의 기업가정신을
세계 최고라고 극찬한 바 있다. 그는 한국은 식민지를 겪으면서 교육
을 거의 받지 못했고 한국전쟁으로 모든 것이 파괴되었으나 불과 수십

년 만에 세계 최고 수준의 산업을 10개 이상 일으켰으며 조선 등의 산업에서는 세계 최고 수준에 이르렀다고 말했다. 사실 60년대 초 한국은 1인당 국민 소득이 100 달러도 되지 않는 세계 최빈국에 속했으며 수출은 전무하다시피 했다. 그 당시 10대 수출품목을 보면 누에고치에서 뽑아낸 생사, 천연자원인 텅스텐, 활어 등이었으나 70년대가 되면서 섬유, 건지 등의 수출이 증가하나가 2000년대에 이르러서는 반도체, 조선, 자동차, 핸드폰, 디스플레이 등 고부가가치 선진국형 산업구조로 탈바꿈하게 되었다. 이러한 성과는 수많은 기업들의 창업과 성장에 의해 이루어진 것으로서, 이를 가능하게 한 것이 도전과 창조의 기업가정신이 발휘되었기 때문이다.

한국의 기업가정신의 핵심 요소는 도전정신과 속도와 유연성이다. 열악한 환경 속에서 세계시장에 도전했고, 한민족 특유의 '빨리빨리' 정신과 '상황적응' 능력으로 선진국 따라잡기에 성공했다. 2000년대 전까지는 선진국 모방 수준의 제품이 대부분이었으나, 지난 20여 년간 기술력, 디자인, 브랜드 경쟁력이 높아지면서 '한국 제품'(Made in Korea)에 대한 세계 시장의 인식이 달라졌다. 과거에는 저가의 2류 제품으로만 취급되었지만 이제는 세계 시장에서 일류제품으로 인정되는 제품들이 많아지게 되었다.

한국은 식민지와 전쟁의 고난을 극복하고 발전한 모델 국가로서 전 세계 개도국의 벤치마킹 대상이 되고 있다. 한류 열풍이 전 세계로 퍼져 나가면서 한국 문화에 대한 인식이 달라졌고, 한국 언어와 문화를 배우고자 하는 현상도 전세계 곳곳에서 일어나고 있다. 이러한 상황은 한국 민족을 사용하시기 위해 하나님께서 만드신 기회이며, 한국의 크리스천 기업가들과 교회는 하나님의 부르심에 응답할 책임이 있다.

소명과 선교로서의 사업

중세시대에는 성과 속의 이원론이 지배하면서 세상의 일은 하나님 나라와 관계없다는 생각이 지배적이었다. 16세기 마르틴 루터(Martin Luter)와 존 깔뱅(John Calvin)이 주도한 종교개혁은 이러한 사고를 무너 뜨리고 '직업이 하나님으로부터 받은 소명'(business as calling)이라는 성 속일원론을 제시했다. 내가 세상에서 어떠한 직업에 종사하든지 그곳 에서 충실하게 일하면서 하나님을 섬길 수 있다는 사고는 올바른 직업 윤리를 갖게 했고, 비즈니스 세계를 변화시켰다. 독일의 사회학자 막 스 베버는 직업에 충실하면서 근면하고 검소한 개신교 성도의 삶은 자 본의 축적을 가능하게 하여 오늘날 자본주의 정신의 기초가 되었다고 보았다.

선교로서의 비즈니스(Business As Mission)를 직접적으로 하게 된 것은 18세기 모라비안 교도들의 이야기를 거슬러 올라간다. 초대교회 시대 에 바울이 천막을 만드는 직업을 가지고 선교활동에 종사했던 사례나 자주 옷감 장사인 루디아가 바울의 선교활동을 지원했던 사례가 있었 다. 그러나 본격적인 비즈니스 미션의 시작은 종교 박해를 피해 진젠 도르프 백작의 영지내에 정착한 모라비안 형제단에 의해서이다. 모라 비안 형제단은 강한 영적 연합을 통해 신용조합, 아마 재배와 방직업, 소금 유통업, 맥주 양조업 등의 사업 활동을 했다. 많은 것을 주님을 위해 헌신하고 자신을 위해서는 작은 것으로 만족하는 희생적 영성이 모라비안 선교사들이 이룩한 선교의 원동력이 되었다.

18세기 초 바젤은 경건주의 신앙운동의 중심지가 되었다. 이러한 배경에는 그곳에 살고 있는 모라비안 사람들의 역할이 컸다. 바젤선교 회는 처음에는 선교사 양성기관으로 출발했으나 후에 직접적으로 여러 곳에 선교사를 파송했다. 별다른 성과를 나타내지 못하다가 1834년부터 바젤의 기능공 선교사들이 인도에서 사역을 시작하면서 급속히 성장했다. 바젤공동체는 인도에서 회심자들에게 주거를 마련해주고, 일상의 필요를 채울 수 있도록 일자리를 제공하며, 새로운 삶의 양식을 가르치기 시작했다. 출판, 목공일에서 시작해서 직조업과 타일 사업으로 큰 성공을 거두었다. 세세석으로 선풍을 일으킨 카키색의 옷감을 발명했으며, 고품질의 타일을 개발하여 사업을 통한 선교의 사명을 수행했다.

모라비안과 바젤선교회는 1, 2차 세계대전을 거치면서 약화되었지만, 90년대부터 개발도상국가들이 외국인 투자에 대해 개방적이 되면서 비즈니스 선교가 활성화되기 시작했다. 구 소련해체 이후 사회주의 국가들이 자본주의적 성장모델을 채택하고 있으며, 이슬람국가들도 자본주의적 발전 모델에 대해 수용성이 높아지고 있다. 개혁과 개방을 통해 해외 자본 유치를 통한 발전모델을 추구하는 국가들이 증가함에 따라 기업들의 접근성이 높아지고 있다. 사업을 통한 세계선교의 기회의 창(window of opportunity)이 열리고 있는 이때에 크리스천 기업가들은 복음이 영향력이 낮은 문화권으로 들어가야 하며, 기업선교를 새로운 선교전략으로 활용해야 할 때다.

한국교회가 이러한 시대적 변화에 적극 동참해서 교회의 잠재력을 총동원해서 BAM을 지원하고 실천해야 한다. 크리스천 기업가, 경영자, 전문인 등은 누구나 자신의 재능과 경험을 살려서 복음을 전하고 열방을 축복하는 도구로 쓰일 수 있다. 청년들은 뜻이 있다면 얼마든지 배우면서 길을 열어 갈 수 있다. 사업경력을 가지고 은퇴 후 제2의 인생을 준비하는 베이비붐 세대들이 급속히 늘어나고 있다. 취업난을 겪고 있는 청년세대와 경력을 가진 선배 세대들이 협력하는 모델도 가능하다.

BAM 사역을 준비할 수 있는 교육, 훈련 프로그램을 전문 선교단체와 협력하여 운영하는 방안과 초기 사업 자본을 융자나 투자 형태로 지원하고 멘토링을 하는 방식의 펀드 조성이 필요하다. 실행을 위해서는 우선 목회자의 관심과 지원이 있어야 하며 초기에는 소규모의 스터디 모임에서 출발하여 어느 정도 방향이 설정되면 공식적인 위원회와 실행 팀으로 발전시켜 나가는 것이 바람직하다. BAM이 크리스천 기업가들의 선교적 소명을 일깨우고 한국 교회에 새로운 선교의 장을 열수 있도록 노력해야 한다.

하나님 나라 기업가정신

크리스천은 하나님께서 대한민국에 기적적인 경제적 발전과 부를 주신 것은 우리만 잘 살라고 축복하시기 위한 것이 아니라는 것을 알아야 한다. 우리나라를 축복의 통로로 삼으셔서 열방을 복되게 하기 위한 사명을 주셨다는 것을 깨달아야 한다. 크리스천 기업가는 기업활동을 통해 일자리와 부를 창출하면서 복음을 전하는 '하늘나라 기업가정신'(kingdom entrepreneurship)을 발휘해야 하는 사명을 주셨다. 하늘나라 기업가정신이란 '사명으로서의 기업활동'을 통해 하나님 나라의 확장을 위해 헌신하고자 하는 기업가의 의지와 행동을 의미한다.

하나님은 인간을 창조하시고 동산을 경작하며 지키라고 명령하셨고, 생육하고 번성하여 땅에 충만하라고 하셨다. 이를 하나님의 창조명령(Creation Mandate) 또는 문화명령(Cultural Mandate)이라고 하며, 인간은 이러한 명령에 따라 하나님의 대리인으로서 맡은 바 책임을 수행해야 한다. 또한 크리스천 기업가에게는 기업을 통하여 "땅끝까지 복음을 전하라"는 선교명령(Evangelical Mandate)을 주셨다.

이러한 세계관에 입각하여 볼 때, 기업은 하나님이 인간에게 맡긴 소유로서, 기업이 하나님의 뜻에 따라 경영하는 청지기의 사명(stewardship)을 부여 받은 것이다. 기업가는 사업을 통해 경제적 가치를 창출하면서 일자리를 만들고 납세를 통해 국부증진과 문화변혁에 기여한다 기업은 경제적 영역뿐만 아니라 사회의 총제적 변혁(total transformation)을 일으키는 도구이다.

일터사역 전문가이며 리젠트(Regent) 대학 교수인 폴 스티븐스(Paul Stevens)는 '하나님의 사업을 꿈꾸는 CEO'라는 책에서 크리스천 기업가는 "창조세계의 잠재력을 개발하라는 부르심, 인간의 삶을 향상하고 아름답게 가꾸라는 부르심, 이 땅에서 공동체를 건설하라는 부르심, 세계적 풍요와 하나됨을 이루라는 부르심, 부를 창출하고 가난을 줄이라는 부르심, 천국에 투자하라는 부르심"을 받았다고 말한다.

서비스마스터(Service Master)는 청소용역, 빌딩관리, 조경 전문업체로서 미국의 대표적인 경영잡지인 포춘(Fortune)지에 의해 '가장 존경받는 기업'(The Most Admired Company)에 여러 차례 선정된 바 있다. 회사는 4대 목표는 1) 모든 일에 하나님을 경외하자, 2) 다른 사람의 발전을 도와주자, 3) 탁월함을 추구하자, 4) 수익을 올리자 등이다. 이 회사의 정문 앞에는 제자들의 발을 씻기는 예수님의 동상이 있는데, 이는 주님을 섬기는 마음으로 사업을 하겠다는 기업의 사명을 형상화 한 것이다.

이 회사는 청소용역이라는 소위 3D 업종에서 출발하여 세계적인 기업으로 발전했다, 그 핵심에는 직원들을 하나님의 형상으로 지음 받은 존재로서 존중하고 섬김으로써 개인의 잠재력을 발휘하도록 하는 기업문화가 자리 잡고 있다. 이 회사의 CEO를 역임한 윌리엄 폴라드(William Pollard)는 "나에게 회사는 내 신앙을 경험하고 표현하는 주된 수단이었습니다. 믿음의 사람들은 일터 속에서도 세상의 유혹에 빠지지 않고 오히려 세상을 영적으로나 물질적으로 부하게 만듭니다. 우리는 행동으로 믿음을 드러내야 하며, 그럼으로써 예수님이 우리의 구세주로 오셨다는 진실에 생명력을 불어 넣어야 합니다"라고 말한다.

서비스마스터가 기업경영의 전면에 하나님을 섬긴다는 말을 내세우자 경영학계에서 논란의 대상이 되었다. 이에 대해 노엘 티치(Noel Tichy)라는 경영학자는 그의 저서 '리더십 엔진'(The Leadership Engine)에서 "서비스마스터를 모르는 이들의 입장에서 보면, 모든 일에 하나님께 영광을 돌린다는 그들의 기업가치는 황당하기 짝이 없다. 서비스마스터를 방문하기 전 내 동료 한 명은 그들이 갖는 종교적인 성향 때문에 그곳이 '정상적인' 조직의 귀감으로 부적합하다는 의견을 내놓았다. 하지만 사실은 다르다. 서비스마스터는 자사의 가치를 철저히 고수해왔다. 그들의 리더십 원칙 중의 하나는 '삶으로 실천하지 않으면 믿는 것이 아니라는 것이다'"라고 말한다.

미국 최고의 주차빌딩 건설 전문회사인 팀하스(TimHaas)의 창업자인 하형록은 잠언 31장에서 얻은 지혜를 바탕으로 회사를 창업했다. 그는 목회자인 부모와 함께 초등학교 6학년까지 부산 한센병 환자촌에서 성장하다가 선교사의 도움으로 미국 필라델피아에 이민했다. 펜실베이니아 건축학과 대학원 졸업 후, 주차빌딩 건설 전문회사 취업하여 29세에 중역의 자리에 오르게 된다, 전도유망한 젊은 경영자로서 일하던 중 33세의 나이에 심장병으로 쓰러졌으나, 심장 이식 후 환자의 몸으로 성경적 원리에 따라 경영하는 회사를 창업했다.

하형록 대표가 제시한 잠언 31장이라는 뜻의 〈P31〉에는 "고귀한 성품을 가진 회사, 고객의 신뢰를 얻는 회사, 상처를 주지 않은 회사, 인정을 베푸는 회사, 신중하게 투자하는 회사, 다함께 뛰는 회사, 이윤을 창출하는 회사, 주인이 솔선수범하는 회사, 항상 준비된 회사, 단정한 차림의 회사, 고객의 성공을 돕는 회사, 엑스트라 마일을 실천하는 회사, 품격과 인격을 갖춘 회사, 인애로 격려하고 조언하는 회사, 투명한 회사, 가족의 칭찬과 인정을 받는 회사, 하나님을 두려워하는 회사" 등의 경영원칙이 열거되어 있다. 그는 이러한 원칙들을 실천함으로써 경영의 탁월성을 실현하였으며, 다양한 선교, 봉사활동을 통하여 존경받는 기업인으로 활동하고 있다.

반도체 후공정, 디스플레이, 신소재 분야의 중견기업인 네패스의 이병구 회장은 성경을 바탕으로 한 경영철학과 원칙을 가지고 탁월한 경영을 실천해왔다. 그는 "성경은 우리의 잘못을 책망하고, 바르게 하고, 의롭게 교육하는 하나님의 말씀입니다. 이는 회사의 가치관을 정립하는데 완벽한 기준이 됩니다. 무엇을 기준으로 가치관과 정체성을 만드느냐는 직원들의 삶과 직결됩니다. 구성원들을 행복하게 하고, 이웃 사랑을 실천할 수 있어야 합니다. 또한 궁극적으로 회사의 성장을 이끌어 내야 합니다."라고 말한다.

그는 회사의 직원에 대해서도 "첫째, 신뢰와 존중의 대상입니다. 나의 동반자로서 업신여기거나 비방, 비난하는 행동을 해서는 안 됩니다. 둘째, 섬김의 대상입니다. 네패스는 사내에서 '안녕하세요' 대신 '수퍼스타'라는 인사말을 사용합니다. 이는 상대를 존중하고 사랑으로 섬긴다는 뜻으로 상대방의 부족한 점을 채워주겠다는 생각을 갖자는 것입니다. 셋째, 공동체의 일원입니다. 나와 같은 배를 탄 사람이라는 생각으로 나 혼자만 잘되는 것이 아니라 다같이 잘 될 수 있도록 책임의식을 가지고 행동해야 합니다. 넷째, 협력의 대상입니다. 상대방을 뭔가 부족한 사람으로 바라보거나 경쟁의 대상으로 바라본다면 진정으로 협력할 수 없습니다. 상대의 협력을 얻기 위해서는 상대방의 관점에서 생각하는 것이 필요합니다."라고 말한다.

〈육일약국 갑시다〉라는 책을 통하여 잘 알려진 메가스터디의 김성오 대표는 마산 변두리의 조그마한 약국에서 출발하여 큰 회사로 성장시켰다. "한 생명이 천하보다 귀하다"와 "작은데 충성된 자가 큰 데도 충성한다"라는 말씀을 가지고 섬김의 경영을 실천했다. 정성으로 사람을 대하는 태도를 가지고 상품에 초점을 맞추기보다 사람에 초점을 맞추면서, 고객에 앞서 직원부터 감동시킬 것을 강조한다. 세상에 경쟁이 없는 블루오션은 없기 때문에, 경쟁이 어렵다고 피하지 말고 만나는 사람마다 진심으로 대하면 '행복한 성공'이 가능함을 보여 주었다.

한국 최초로 코칭 전문회사 설립하여 경영하고 있는 홍의숙 대표는 "리더가 스스로 자존감을 가지고 판단과 결정을 올바르게 내리기 위해서는 무엇보다도 '마음'에 집중해야 합니다. 자신의 마음을 다스리는 것, 자신을 따르는 사람들의 마음을 움직이는 것이 어렵더라도, 이러한 일을 해내는 사람이 결국 성과를 높이고 사람을 이끄는 리더가 됩니다"라고 말한다. "모든 지킬 만한 것 중에 더욱 네 마음을 지키라. 생명의 근원이 이에서 남이라"(잠언 4:23), "노하기를 더디하는 자는 용사보다 낫고 자신의 마음을 다스리는 자는 성을 빼앗는 자보다 나으니라"(잠언 16:32) 말씀이 바탕이 되는 경영의 지혜를 실천하고 있다.

성경적 세계관과 말씀에 기초한 경영이 탁월한 성과를 거둘 수 있는 요인을 살펴보면, 첫째, 공동체의 하나됨에서 오는 경쟁력이다. 회사의 구성원들이 서로 존중하며 사랑하게 되면 원활한 의사소통이 일어나게 된다. 이는 경영 의사결정의 품질을 높이며, 조직의 창의성과 효율성을 증가시키게 되어 경영성과를 향상시키게 된다.

둘째, 이해관계자간의 신뢰를 증가시키게 되어 거래비용(transaction cost)을 절감시키고 경쟁력을 높이게 한다. 기업은 공급자와 구매자를 포함한 수많은 이해관계자에 둘러싸여 있으며, 이들과 끊임없는 거래를 하면서 존재한다. 거래비용이란 거래 상대방을 완전히 신뢰하지 못하기 때문에 탐색, 계약, 기회주의적 행동 방지 등에 들어가는 비용이다. 진실과 진정성을 가지고 상대방을 대하게 되면 신뢰가 구축되어 거래비용이 감소할 뿐만 아니라, 위기 상황에서 서로에게 도움을 줄 게 될 가능성이 높아진다.

셋째, 섬김과 나눔의 경쟁력이다. 진정한 섬김을 실천하게 되면 구성원들의 자존감이 높아지고 역량이 향상된다. 사람은 누구나 남에게 인정받고 싶은 욕구가 있으나 세상에서 이러한 욕구를 만족시킬 기회는 많지 않다. 경영자가 직원들을 진정으로 섬기게 되면, 직원들은 진정으로 고객을 섬기게 된다. 또한 전 직원이 경영자와 함께 봉사활동을 통해 나눔의 경영을 실천하면 서로 존중하며 인정하는 태도가 형성된다. 조직에 대한 몰입감이 높아지며 자발적으로 동료를 돕고자 하는 마음이 커지고 좋은 리더십이 개발된다.

BAM의 실행전략

영적 자본

BAM에 대해서는 여러 가지 정의가 있지만, 리빙스턴재단의 켄 엘드레드는 "이윤을 추구하는 사업체로 하나님이 그 나라와 국민들을 변화시키도록 하는 운동"이라고 정의하고 있다. 이를 위하여 세 가지 목표를 추구해야 한다고 말한다; 1)사업의 수익성과 안정성, 2)현지인들을 위한 일자리와 부의 창출, 3)현지교회 부흥과 영적 자본의 형성. BAM은 성공적인 사업경영, 일과 신앙의 연계와 통합, 경제 개발, 복음 전파, 나라와 국민의 실질적인 변화 등을 통하여 선교적 목적을 이루어 가는 것이다.

엘드레드는 BAM의 성공을 위해서 영적 자본(spiritual capital) 형성의 중요성을 강조한다. 그는 2차 세계 대전 후 지난 70여 년간 선진국이 개발도상국의 경제, 사회 개발을 위하여 수많은 원조를 했지만 여전히 빈곤을 벗어나지 못했던 것은 영적 자본이 없었기 때문이라고 말한다. 사회가 발전하기 위해 기술, 자본, 인력만이 아닌 제도나 문화 등의 사회적 자본(social capital)이 필요하다. 그러나 사회적 자본이 만들어지고 지속 가능하기 위해서는 영적 자본이라는 기초가 필요한데, 이러한 영적 자본이 결여된 상태에서 사회적 자본을 만들려는 시도는 성과를 거두기 어렵다고 말한다.

영적 자본이란 신용, 정직, 사랑, 봉사, 우수한 품질, 성실 등의 가치관이 법이나 제도가 아닌 신앙의 기초위에 형성될 때 축적된다. 공동체 내에 믿음으로 변화되어 이러한 가치관을 가지고 살고자 하는 사람들이 늘어나면 영적 자본이 증가하게 된다. 따라서 BAM이란 사업을 통해 일자리와 부의 창출을 이루면서 복음을 전하는 선교의 방식이지만 이 과정에서 믿음으로 변화된 사람들을 얼마나 길러낼 수 있느냐가 사역의 열매이다. 예수님께서도 "하나님의 나라는 너희 안에 있다"라고 하셨다. 이는 믿음으로 변화된 공동체에 하나님의 나라가 임한다는 말이다. 기업은 사업을 하기 위해 모인 공동체이고 그 공동체에 믿음으로 변화된 사람들이 많아지면 그만큼 하나님의 나라가 확장되는 것이라고 말할 수 있다.

사업 분야의 적절한 선택

모든 비즈니스는 업종 선택이 사업의 성패에 미치는 영향이 크기 때문에 신중한 접근이 필요하다. 그러나 현실에서는 현지 경험이 부족한 상태에서 사업 아이템도 급한 대로 쉬운 것부터 찾아서 하기 시작함으로 인한 실패가 많이 나타나고 있다. 따라서 시행착오가 불가피한 면이 있지만 준비부족으로 인한 실패를 줄이기 위해서는 자신이 전문성이나 동원할 수 있는 자본의 규모 등을 고려해서 적합한 업종을 선택해야 한다

첫째, 소규모 투자로 시작하는 방법이 있다. 초기 자본이 적게 들어가는 무역이나 여행업 등으로 시작하여 현지 사정에 익숙해진 뒤 현지에 진출하려는 본국인들을 위한 비즈니스 컨설팅, 물류 사업을 하는 경우 자본투자의 부담과 위험을 줄일 수 있다. 이 경우 한국과 연계해서 사업을 하는 경우 경쟁우위를 가질 수 있다. 현지 인력의 훈련을 통한 소규모 가공산업, 현지의 전통기술을 활용한 공예품 등을 생산하여 해외에 수출하는 방식이다.

C국의 G공동체는 의류 패션 소품, 생활소품, 침구류, 인형 등을 천연염색과 손베틀 직조를 통해 만들고 있다. 25명의 직원을 가지고 150개의 가정과 연계하여 실크와 면실을 직조하고 있으며, 독특한 문양을 활용하여 샤넬에도 판매할 정도로 성장했다. 이 사역은 지역사회의 소득증진과 복지향상에 긍정적인 영향을 미치고 있다.

둘째, 현지인 창업 지원을 하는 방식이다. 2만 달러가 넘지 않는 사업설비를 빌려주고, 4~5년에 원금과 이자를 상환하도록 하는 방식이다. 사업계획서를 검토 한 뒤 융자 형식으로 하거나 직접 장비를 사서 임대해 주는 방식이 좋다. 이 경우 사업의 성과를 높이기 위해 설비를 제공함과 함께 관리기법과 기술지원, 사업윤리 등에 대한 교육, 훈련의 기회를 제공해야 한다. 이보다 훨씬 작은 규모의 융자를 하는 MED(micro enterprise development) 방식도 효과적인 BAM 사역의 수단

으로 활용되고 있다.

T국에서 무역과 물류사업을 하고 있는 S선교사의 경우는 현지인들이 사업을 하도록 지원하고 있다. 오랫동안 현지인들과의 사귐을 통해서로 신뢰가 쌓임에 따라 상대방의 형편에 맞는 사업을 찾도록 하여그들이 경제적으로 자립하고 삶의 질을 향상 시키도록 돕고 있다. 반면에 깊은 사귐이 없는 상태에서 복음을 받아 들였다는 것만으로 창업을 지원하였다가 상대방의 배신으로 돈과 사람을 잃어버리는 실패의경험도 가지고 있다.

셋째, 적정기술 개발이다. 저소득 국가에서도 활용할 수 있는 기술과 제품을 개발하여 사업을 일으키는 방식이다. 대표적 사례로 태양광 램프와 정수기 필터가 있다. 스탠포드대학 디자인연구소에서 개발한 것으로 태양광으로 충전해서 저녁에 조명을 하는 기구이다. 가격이 25달러~50달러 정도여서 전기가 들어오지 않는 지역이나 전기가 있는 지역에서도 전기료 부담 없이 조명을 쓸 수 있게 한 것이다. 정수기 필터도 저렴한 가격으로 판매함으로써 위생적인 식수를 먹을 수 있도록 한 것이다. 이러한 제품은 무료로 보급하는 것 보다는 판매를 통해현지 사업을 일으키는 수단으로 활용하는 것이 지속가능성을 높일 수있다.

넷째, 기술 전문성을 기반으로 한 사업을 일으키는 방식이다. 이 분야에 대한 전문기술을 가진 사업가가 현지에 상당한 투자를 통해 사업을 일으키는 방식이다. 자국에서 성공적으로 사업을 운영한 경험과 투자 자본을 바탕으로 현지에 생산시설을 하는 것이다. 이 경우 대부분현지 시장의 수요가 부족하기 때문에 수출시장을 개척하게 된다. 현지정부 입장에서는 고용을 창출하고 수출을 통해 외화를 벌어들이기 때문에 가장 환영받는 외국인 투자의 형태이다. 특히 수출사업을 하는 경우 지역경제 활성화를 통한 현지의 영향력을 높일 수 있고, 내수경쟁의 압박에서 벗어나고, 지속적인 기술혁신을 하면서 현지의 부패에서 보호해 주는 장점이 있다. 이러한 형태의 BAM이 많아지려면 이미 이러한 분야의 사업을 하고 있는 비즈니스맨들의 적극적인 참여가 필요하다.

전문성과 경쟁력 확보

첫째, 비즈니스는 문화명령을 실천하는 하나님의 도구라는 인식이 분명해야 한다. 사업에 대한 소유권은 하나님께 있으며 자신은 대리인에 불과하다는 사실을 명심해야 한다. 선한 청지기로서 맡기신 분에게 최선을 다해 섬기겠다는 자세가 확실하지 않을 경우 많은 어려움이 발생하게 된다. 비즈니스가 삶 자체라는 일원론적 관점에서 사업을 잘하는 것이 비즈니스선교의 핵심이라는 것을 명확히 해야 한다. 비즈니스의 정당성에 대한 의심을 갖거나 이원론적 시각으로 바라보는 태도를 바꾸어야 한다. BAM을 통하여 현지인들의 생계를 뒷받침하고 복지수준을 향상시켜 사회적 변화를 일으키고자 하는 목표의식을 가져야 한다. U국의 S선교사는 초기에는 입국비자를 얻기 위해 사업체를 운영했으며 비즈니스는 선교가 아니라고 생각했다고 한다. 본국에 선교 보고를 할 때도 어떠한 복음 사역을 했고 몇 사람 전도했는지만 기록했다고 한다. 그러나 나중에 BAM에 대해 알게 되자 기업 자체가 선교의 장이라는 인식을 갖게 되었다.

둘째, 선교사의 전문성을 높여야 한다. 전문성에는 선교적 전문성, 직업적 전문성, 지역적 전문성, 사업적 전문성이 있다. 선교적 전문성을 위해서는 일정 기간 교육과 훈련을 받는다. 직업적 전문성은 상당 기간 특정 직업에 종사함으로서 얻어진다. 지역적 전문성은 유학이나 해외 주재원 등의 경험을 가진 경우 사전에 축적될 수 있지만 대부분 현지에서 사업을 하면서 얻어지게 된다. BAM 사역자에게 가장 필요한 것은 사업적 전문성인데 직업적 전문성이 선교에 직접 활용되지 않는 경우가 많아서 대부분 준비가 부족한 상태에서 사업을 시작하게 된다. 현지에서 사업 활동을 하면서 배워가는 경우가 많은데, 이 과정에서 많은 시행착오를 하게 되어 실패의 원인이 되기도 한다. 사업적 전문성이란 사업계획 수립, 생산, 영업, 회계, 직원관리 등의 역량을 의미한다. 그러나 한 개인이 이러한 역량을 다 갖추고 시작하는 경우는 드물기 때문에 현지에서 팀을 만들어 가면서 부족한 부분을 채워 나가야 한다.

셋째는 현지화와 위험관리이다. 우선 현지 법률, 제도, 관습을 잘 이해해야 한다. 상거래 관행이 다르고 계약문화가 다름으로 인한 어려움에 대응해야 한다. 이는 사전 학습을 통해서 배우는 데는 한계가 있기 때문에 현지에서 사업을 하게 되면서 배워가야 한다. BAM은 다양한 위험에 노출되기 쉽기 때문에 이에 대한 대비가 필요하다. 기독교 선교에 대한 적대적 환경으로 인한 현지 정부의 감시와 방해, 심지어는 추방의 위험이 있다. 또한 외환거래나 환율 변동에 의한 위험도 있다. 외국인 투자제한 업종의 경우 사업허가를 얻기 위해 현지인의 명의를 빌려서 사업을 하는 경우, 금전대차계약서 등을 통하여 상대방의 배신이나 기회주의적 행동의 위험을 방지해야 한다. 현지화를 제대로 하기 위해서는 언어장벽을 단기간 내에 극복해야 한다. 언어장벽을 비교적 조기에 극복한 선교사들의 사례를 보면 한국인들이 없는 지역에서 현지인들의 삶에 깊이 뿌리를 내리는 경우가 많다.

넷째, 제품과 서비스의 경쟁력 우위를 유지해야 한다. 사업이 지속 가능하려면 사업 자체의 경쟁우위가 확보되어야 한다. BAM의 진출

대상국가가 대부분 소득 수준이 낮고 구매력이 부족한 상태에 있기 때문에 가격경쟁력이 중요한 요소가 되는 경우가 많다. 그러나 가격에 의존하여 경쟁을 하려다 보면 지역 토착업체와 경쟁이 되어 여러 가지 부정적인 영향을 미치게 될 가능성이 높다. 따라서 토착업체와 직접적 경쟁을 하지 않는 사업 분야를 선택하고 품질 수준을 높여서 고객을 창출하도록 해야 한다.

캄보디아에서 팜슈가 사업을 시작한 이봉래 대표는 품질경쟁력을 높이기 위해 설비를 제공하고 생산 프로세스를 표준화했다. 그 결과 현지인들과의 신뢰가 구축되면서 수출 가능한 제품으로 발전시킬 수 있었다. V국의 G인쇄의 경우 철저한 품질관리와 정직한 고객 서비스로 경쟁우위를 유지하고 있으며, C국의 W사도 가구와 인테리어 디자인이나 품질 면에서 최고 수준을 유지하고자 노력하고 있다. 지속가능한 경쟁우위 확보를 위해 사업의 자원과 역량을 높이는 것이 성공적인 BAM 사역의 핵심이다.

사람 세우기

사업성공을 위해서는 인력자원과 재정투자가 필요하나 인력자원이 더 중요한 요소다. 견고하고 성숙하며 헌신적인 팀은 BAM 사역에 필수적이다. 그러나 현지에서는 이러한 팀을 형성하는데 적합한 인력이 준비되어 있지 않기 때문에 사람을 키워서 팀을 만들어 가야 한다. 가르치고 격려하며 사랑으로 섬겨야 한다. 그러나 가장 시간이 많이 걸리는 일이다. 쓸 만한 사람 하나 키우는데 최소 3~5년의 시간이 필요하다고 한다.

직원을 채용할 때는 능력보다 인격이 중요하다. 인격에서 능력이 나오기 때문이다. BAM 기업을 경영하면서 사람을 키우기 위해서는 성경적인 인간관이 확실해야 한다. 사람은 하나님의 형상대로 지음 받은 자녀로서 많은 창의력과 잠재력과 있음을 믿어야 한다. 당장은 부족해 보일 지라도 가르치고 섬기면 하나님께서 그 사람의 가능성을 나타내 보이실 것을 기대해야 한다. 이러한 사람들이 세워져야 진정한 팀워크가 형성된다.

V국 K선교사 부부의 사례를 보면, 기술과 자본이 부족한 열악한 환경에서 사업을 시작했고, 현지에서 우수한 인력을 구하기는 불가능했다. 그들은 "행복한 회사 만들기"라는 목표를 가지고 사랑으로 직원들을 섬기고 교육을 통하여 역량을 개발시키자, 직원들이 변화되고 잠재력이 발현되었다고 한다. 또한 그 가운데 복음을 받아들인 직원을 대상으로 제자훈련을 했고 충성된 예수 그리스도의 제자들을 얻게 되었다. 이러한 인적자원을 바탕으로 식품, 전자, 신발 사업 진출 추진 중이다. 향후 200명 정도의 헌신된 인력을 양성하여 학교, 병원, 유치원, 고아원 설립할 계획을 가지고 있다.

U국의 S선교사 부부의 경우도 현지 진출 한국 기업에 대한 컨설팅과 무역업으로 사업을 하던 중 기독교 선교활동이 노출되어 추방을 당하게 되었다. 갑작스러운 추방으로 인하여 심혈을 기울였던 사업을 접게 되어 몹시 상심했지만 현지에서 길러낸 직원들의 작별 인사에서 큰 위로를 받았다고 한다. "함께 했던 시간들을 잊지 않겠습니다. 이 땅에서 당신들이 했던 수고는 충분합니다. 염려하지 마시고 평안하게 하나님이 보내시는 곳으로 가십시오." 사업은 중단됐지만 사람을 세우는 데는 성공했다고 볼 수 있다.

거래관계의 정직성

BAM 기업은 거래관계의 정직성을 실현함으로써 영적 자본의 축적을 통한 사회혁신의 도구가 된다. 개발도상국은 전반적으로 대정부관계에서 인허가나 기업 간 거래에서 부정부패가 많다. 많은 선교사들이 현지에서 부정부패로 인한 어려움을 겪고 있다. 현지의 관행을 무시하면 사업이 실패할 것이라는 두려움을 가지고 있는 경우가 많아서 윤리의 회색지대에서 분별력을 잃어버릴 위험이 있다. 이러한 문제에 대해 훈련을 받지 못하거나 준비가 되어 있지 않으면 현지 관행에 휩쓸려서 BAM의 정체성을 상실하게 될 위험이 있다. 따라서 BAM 사역을 지원할 때 기업윤리에 대한 공식적인 지원훈련 프로그램을 마련해야 하고, 과정과 성과에 책임을 물을 수 있는 공동체에 속해야 한다.

V국 K선교사의 경우 사업 초기 리베이트를 요구하는 거래선의 유혹을 뿌리친 경험이 있다. 창업 초기 기업의 생존을 좌우할 정도의 물량을 제공하는 기업의 부당한 요구를 거절했고, 이로 인한 상당한 손실을 보았지만 하나님의 방법으로 사업의 길을 열어주셨다. 이제는 정직이라는 원칙을 가지고 공급자나 고객과 정직한 거래를 하고 있다. 이러한 방식은 기업 경쟁력의 원천이 되고 있다고 한다. "부정직한 방법으로 사업을 하면서 직원들에게 복음을 증거하고 제자훈련을 하려는 것은 앞뒤가 맞지 않는 모순된 일이다"라고 말한다.

T국의 S선교사도 기업을 회사 경비처리의 정직성을 실현하고자 노력했다. 그는 개인비용과 회사비용을 철저하게 구분하여 회계의 투명성을 확보했다. 현지 기업의 관행상 사장은 법인 카드 사용에 있어서 개인 비용과 회사비용을 구분하지 않는 것이 일반적이었다. 그러나 S선교사는 이를 온전하게 지킴으로서 처음에는 현지인들에게 좀 별난 사람이라는 평을 얻었으나 나중에는 큰 도전을 주었고 그들이 복음에 관심을 갖게 하는 계기가 되었다고 한다.

제7장
창업의 실제

사업에 대한 이해

창업은 스스로 사업을 일으키는 것이다. 따라서 창업을 꿈꾸는 사람은 제일 먼저 해야 할 질문은 '사업이란 무엇인가'이다. What is business? 이 질문에 피터 드러커는 '사업은 고객을 창조하는 것이다'(creation of customers)라고 답했다. 그러면 고객을 창조한다는 말은 무슨 뜻인가? 없던 고객을 새로 만든다는 뜻인가? 이미 있는 누군가의 고객을 내 고객으로 만든다는 뜻인가?

피터 드러커는 고객창조의 대표적인 예로 19세기 말 미국의 맥코믹이라는 농기구 회사를 제시했다. 이 회사는 혁신적인 농기구를 만들어냈지만 팔리지가 않았다. 농민들이 농기구를 살 수 있는 구매력이 없었기 때문이다. 고민 끝에 먼저 농기구를 농민들에게 대여해 주고 소득이 생길 때마다 나누어서 갚도록 했다. 혁신적인 농기구를 사용하면 농가 소득이 오르기 때문에 농민들은 마다할 이유가 없었고, 그 결과 맥코믹사는 농민 고객을 창출하여 사업을 성공시킬 수 있었다. 오늘날 할부판매 제도의 시작으로서, 미래의 소득을 기반으로 현재의 구매력을 만들어낸 놀라운 혁신이었다.

웅진코웨이는 정수기 사업을 시작하자마자 1997년 말 한국을 강타한 IMF 금융위기를 만나 회사의 생존이 어려워졌다. 기업이 구조조정되면서 수많은 실직자가 쏟아져 나오고 가계의 어려움이 커지면서 대당 100만 원 가량 하는 정수기를 구매하려는 고객이 없었기 때문이다. 웅진의 윤석금 사장은 렌탈 방식으로 바꾸어 한 달에 3만 원 정도만 내면 수질관리와 함께 정수기를 사용하도록 했다. 결과는 정수기 시장 점유율 1위라는 엄청난 성공을 거두었다.

태양의서커스란 회사는 사양 산업인 서커스 사업에서 혁신을 통해 수많은 고객을 창조한 사례이다. TV, 영화를 비롯한 수많은 엔터테인먼트 산업이 성장하자 서커스는 급속하게 고객이 사라지면서 사양화되었다. 스타 곡예사들은 영입하거나 동물들의 묘기를 보여 줄 조련사를 구하기 힘들어졌다. 사자, 호랑이, 코끼리 같은 동물들은 유지비용이 비싸고, 동물보호 단체로부터 비판의 대상이 되었다. 태양의서커스는 이런 변화 속에서 서커스를 새로운 공연 예술로 탈바꿈시켰다. 스토리를 만들고 첨단 기술을 활용한 무대 장치, 음악과 조명, 올림픽 체조 스타 영입 등으로 고객의 마음을 사로잡았다. 결과는 대성공이었다. 라스베이거스에서는 1년 내내 공연이 이루어지고 있다. 과거에 서커스는 아이들이 주 고객이었으나 태양의서커스는 어른들이 더 많이 찾는 공연이 되었다.

어떻게 고객을 창조할 것인가?

사업을 시작하려는 사람은 제일 먼저 생각해 볼 것이 누가 내 사업의 고객이 될 것인가? 현재 있는 고객을 상대로 해야 하는가, 아니면 새로운 고객을 만들어야 하는가? 고객을 창조하기 위해서는 어떻게 해야 하는가에 대해 전략과 계획을 가지고 출발해야 한다. 피터 드러커는 고객을 창조하는 방법은 '기술혁신'과 '마케팅'이라고 했다. 남과 다른 혁신적인 기술이나 지식을 가지고 있든지, 아니면 고객을 만족시킬 수 있는 새로운 방법을 찾아야 한다.

가장 기본적인 방법을 고객이 미처 알지 못하는 새로운 제품이나 서비스를 제공하거나, 아니면 기존의 제품이나 서비스보다 "더 싸게", "더 낫게", 즉 차별화(differentiation)의 방법을 찾는 것이다. 고객은 자기가 지불하는 돈에 비해 만족을 얻었는가, 즉 가격 대비 만족이라는 '가성비'가 중요하다. 창업시 첫 번째 질문이 '내가 제공하고자 하는 제품이나 서비스가 기존 제품이나 서비스와 얼마나 차별화된 가성비를 제공할 수 있는가'에 대한 답을 얻어야 한다. 이를 위해서는 잠재적 고객을 찾아가서 물어보고 확인하는 과정이 필요하다.

중요한 문제는 내가 차별화했다고 판단하는 것이 아니라 고객이 차별화되었다고 받아들이는 것이다. 창업은 내가 이러한 제품이라는 서비스를 제공하면 고객을 창출할 수 있다는 가정(assumption)에서 출발하는 것이다. 따라서 창업은 나의 아이디어를 시장에서 검증(testing)하는 과정이라고 볼 수 있다. 문제는 검증과정에서 시간과 비용이 소요되며, 많은 노력을 들였음에도 불구하고 고객을 창출하지 못하면 사업은 어려움에 처하게 된다.

과도한 비용과 시간을 들이지 않고 내가 가진 아이디어를 검증해 볼 수 있는 방법으로 린스타트업(lean startup) 방법론이 활용되고 있다. 최소한 작동 가능한 제품(MVP: minimum viable product)을 만들어 고객 테스트를 한 뒤 반응을 보고 바꾸는 것이다. 이를 피봇팅(pivoting)이라고 한다. 농구선수가 한 발은 고정한 채 다른 발을 바꾸면서 슈팅 찬스를 노리는 동작에서 유래된 것이다. 사업의 비전은 확고하게 하지만 고객의 반응에 따라 전략과 전술을 바꾸는 방법이다.

나이키의 창업과정을 보면 이러한 과정을 거쳤음을 알 수 있다. 오레곤 대학의 육상코치였던 빌 바우어만은 육상선수들을 대상으로 발이 부르트는 문제를 해결할 신발을 만들었다. 등산화의 원리를 운동화에 적용하여 내구성을 줄이는 대신 발을 편하게 하기 위한 제품이었다. 제자인 필 나이트가 이 제품을 여러 대학의 육상 선수들에게 신어 보도록 해서 효과를 검증해 보도록 했다. 효과가 입증되고 입소문이나면서 고객이 확대되어 오늘날 세계 최대의 스포츠 용품 회사인 나이키가 창업되었다.

신선야채 배달 사업인 헬로네이처 창업자인 박병열 대표는 자신의 아이디어 사업화 경험을 다음과 같이 말한다. "제품을 완성하고 시장에 내놨는데 소비자들의 반응이 별로라고 한다면, 보완해서 완성품을 만들기까지 시간이 꽤 많이 걸립니다. 따라서 완성품을 만들기보다 아주 최소한의 볼륨으로 핵심적인 가치만 갖고 제품을 만들어 시장의 피드백을 받아서 수정, 보완하는 방법이 창업가들에게는 가장 중요하다고 생각합니다"

많은 창업기업이 우수한 신제품을 개발하고도 사업에 성공하지 못하는 이유는 고객 창조하기 위한 마케팅 역량이 부족하기 때문이다. 창업기업은 생존확률도 낮고 회사에 대한 신뢰도 없기 때문에 고객들이 선뜻 거래하거나 구매하려 하지 않는다. 또한 새로운 제품에 대하여 고객들이 가지는 부담이나 부정적 선입견으로 인하여 판매활동의 어려움을 겪는다. 이를 '새로움의 부담'(liability of newness) 또는 '낯설음의 불이익'(disadvantage of unfamiliarity)이라고 한다. 창업기업이 생존하기 위해서는 이러한 부담이나 불이익을 어떻게 효과적으로 극복해 나가는가에 달려 있다.

사업기회의 발견

가치관과 생활양식의 변화

가치관과 생활양식(values and life style)은 소득의 증가, 교육수준의 향상, 정보와 지식의 증가, 인구구성의 변화 등에 영향을 받으면서 끊임없이 새로운 사업을 만들어 낸다. 소득증가로 삶의 질을 중시하는 사회적 욕구가 증가하면서 레저, 문화, 생활정보, 홈 네트워크, 의료복지, 건강관리 등이 유망한 사업 분야로 부상하고 있다. 삶의 질을 중시하는 사회적 욕구는 육체 건강과 관련된 의료, 건강관리 분야와 정신적 만족에 초점을 맞춘 레저, 문화, 정보 분야로 나눌 수 있다.

사회적 가치관과 생환양식의 변화를 사업의 기회로 활용하여 성공한 사례로 풀무원을 들 수 있다. 풀무원이 처음 출발했던 1981년에는 국민소득이나 평균임금 수준이 그리 높지 않았다. 그러나 80년대 중반 이후 경제성장과 함께 생활수준이 높아지면서 여가와 건강에 관한 관심이 높아졌다. 이에 따라 식품의 품질과 안전성에 대한 관심이 높아지면서 '자연건강식품'에 대한 수요가 증가하게 되었다. 풀무원은 이러한 소비자들의 욕구에 부응하여_ 신뢰할 수 있는 식품 브랜드로 성장하게 되었다. 풀무원의 경영이념은 "자연과 인간이 어우러진 바른 식문화를 이룩하여 사람마다 건강한 삶을 제공하는 종합식품회사를 이룩한다"이다.

인구구성의 변화는 사업의 성장과 쇠퇴에 직접적인 영향을 미치는 요소다. 출산율이 높은 베이비붐의 시대에는 유아용품 및 육아와 관련된 산업이 성장하면서 사업의 기회가 창출된다. 반면에 출산이 줄어드는 시대가 되면 양적인 성장은 줄어들지만 고급화가 이루어진다. 고령화가 진행되고 있기 때문에 노인들을 대상으로 한 의료복지, 건강관리 분야 사업의 성장성도 매우 높을 것으로 전망된다.

현재 창업에 가장 큰 영향을 미치는 사회 트렌드는 1인 가구의 급증에 따른 솔로 이코노미의 증가다. 2020년 말 현재 650만 가구에 이르면서 핵심 소비 계층으로 자리 잡았다. 솔로 이코노미(solo economy)란 주택, 식품, 가전 등 관련 산업에서 혼자 사는 싱글족을 겨냥해 사

업을 하는 경제를 말한다. 2000년 15.5%였던 1인 가구 비율은 2012
년 25.3%로 급증하였으며 2025년에는 31.3%에 이를 것으로 전망되
고 있다. 싱글족을 위한 심부름 서비스, 세탁 청소 대행 서비스, 안보·
보안 서비스도 등장했다. 1인용 소형 가전, 1인용 가구도 증가하고 있
으며, 대형마트는 소용량, 소포장 상품을 출시했다. 1인 가구는 필요
할 때마다 구입하는 소량구매를 선호하기 때문에 당일 배송, 익일 배
송 서비스가 확산되었다. 침실만 혼자 쓰고 거실이나 주방, 휴식공간
등은 여러 가구가 함께 쓰는 쉐어하우스(share house)나 코하우징(co-
housing)도 증가하고 있다.

　더반찬은 1인 가수 증가추세에 발맞추어 전종하 대표가 창업한 회
사다. 1인 가구의 가장 큰 문제를 혼자 식사를 해결하는 것이다. 밥은
쉽게 지을 수 있지만 혼자 먹기 위해 반찬을 만드는 것은 번거롭고 비
용도 만만치 않다. 날짜에 맞추어 신선한 반찬을 배달해주는 서비스에
대한 수요가 늘어나자 더반찬의 매출이 급증하게 되었다. 성공적으로
사업을 해오다가 동원그룹에 300억 원에 매각되었다.

　크라우드펀딩의 선구자인 와디즈도 트랜드에 대한 연구의 결과로
서 사업 아이디어를 찾게 되었다. SNS 혁명이 산업에도 영향을 미친
다는 것을 알게 되어, 금융업계동향에 대해 조사하던 중 이러한 유형
의 비즈니스들이 해외에서 이미 현실화되고 있음을 인지하게 되었다.
창업 스쿨에서 만난 사람과 팀을 이루어 본격적으로 비즈니스 모델을
구체화하여 창업에 도전하게 되었다.

생활의 불편함

　수많은 사업 기회들은 일상생활 속의 불편함을 해소하고자 하는 가
운데 발견되었다. 생활하는 가운데 겪게 되는 수많은 불편함이 있는

데, 이를 해결하기 위한 과정에서 수많은 사업 기회가 생긴다. 오늘날에도 필수적인 생활용품 중의 하나인 큐팁스라는 면봉은 주부의 육아 과정에서 느낀 불편함을 해소하는 과정에서 만들어졌다. 아기를 목욕시킨 후 귀에 남아 있는 물기를 제거하기 위해 성냥개비에 솜을 부쳐서 하다 보니 솜이 귀에 빠져버려서 꺼내느라 힘든 경험을 했다. 이를 해결하기 위하여 가느다란 나무막대에 솜을 붙인 것이 바로 큐팁스다.

세일즈맨이었던 질레트가 매일 아침 면도하는데서 오는 불편함을 해소하기 위해 만든 것이 안전면도기이다. 자기 혼자 날이 선 면도날로 면도를 하다 보면 피부를 다치게 되는 불편함이 있었다. 우연히 이발관에서 이발사가 머리를 자르는데 빗을 이용하여 빗 사이로 나온 부분만 자르는 것을 보고 아이디어를 얻어서 발명하게 되었다. 안전면도기 시장이 커지면서 질레트는 면도기 분야의 세계적인 기업으로 발전하게 되었다.

롤팩의 김금자 사장은 세계 최초 7겹 진공포장 기술을 이용한 가정용 진공포장기 '푸드가드'를 개발했다. 주부로서 냉장고에 있는 음식이 상해서 못 먹고 버리는 것을 안타까워하다가 진공포장이라는 보관 방법을 개발하게 되었다. 남은 음식 보관 기간도 늘리고 맛도 오래 유지될 뿐만 아니라 냉장고 공간도 효율적으로 사용할 수 있다는 점이 주부들의 환영을 받게 된 이유이다.

한경희생활과학의 스팀청소기는 한경희 사장이 맞벌이 부부 3년 차에 집안 청소를 하다가 문득 쪼그리고 앉아 손걸레하는 대신 편하게 서서 대걸레질 하듯 청소할 수 있는 기구를 생각하다가 개발하게 됐다. 찬물보다는 세척력이 좋은 뜨거운 물로 청소를 하는 방법을 생각하다가 스팀세차의 뛰어난 세척력에 스팀청소기를 개발했다. 스팀청소기는 홈쇼핑에서 최대 히트 상품이 되어 청소기 시장이 진공청소기와 스팀청소기로 양분되는 결과를 낳았다.

부분가발 업체 시크릿우먼의 김영휴 대표는 출산후유증으로 탈모가 생겨 머리가 빠진 부분만 가릴 수 있는 가발을 찾다가 없어서 본인이 직접 개발하게 되었다. 김 대표는 자신을 위한 가발을 만들기로 마음먹고 미용재료상에서 재료를 구입해 헤어핀처럼 머리에 간단하게 꽂을 수 있는 가발을 만들었다. 김 대표는 실용성을 높인 제품이 100여개에 이르며, 의장, 특허등록 등 지식재산권만 40여 개에 달한다.

앤스페이스의 정수현 대표가 창업을 하게 된 계기는 교육활동을 하면서 공간 부족 때문에 고생했기 때문이다. 공간이 많이 필요했는데 정작 필요한 공간을 찾을 때에는 찾기가 너무 어렵고 비싸다는 것을 알게 되었다. 온라인 카페 등에서 공간을 쉽게 찾거나 이러한 정보를 모아놓은 사이트가 있으면 좋겠다는 생각을 하게 되었다. 한편으로는 주변의 건물들 가운데 비어있는 공간들이 많다는 것을 알게 되었다. 임대나 공실이 필요한 공간 호스트들을 모으고, 공간이 필요한 사용자들을 모아 그 사이를 매칭해 주기 위한 서비스를 구상하면서 사업을 시작하게 되었다.

타인의 고통에 대한 연민

수많은 사업들이 다른 사람의 어려움을 보면서 돕고자 하는 마음에서 시작되었다. 딜라이트 보청기도 타인의 고통을 덜어주고자 하는 마음에서 창업되었다. 보청기 가격이 150만 원에서 500만 원까지 되는데 정부 보조금은 34만 원이어서 저소득층에게는 큰 부담이 되었다. 당시 대학생이었던 김정현은 이 문제를 해결하기 위해서 딜라이트라는 회사를 설립하고 34만원 가격의 보청기를 개발하여, 보청기 시장의 판도를 바꾸는데 성공했다. 원가를 절감하기 위해 3D 프린팅 등 혁신적인 제조 방법을 도입했고, 온라인 주문형 생산으로 유통과정의 거품을 제거했다. 창업 후 3년 뒤 회사를 대원제약에 40억 원에 매각한 후 청년들의 주거문제를 해결하기 위한 사업, 인디밴드를 지원하기 위한 사업 등 다양한 사회적 기업을 창업했다.

향기내는사람들의 임정택 대표는 "너희가 여기 내 형제 중에 지극히 작은 자들에게 한 것이 곧 내게 한 것이니라"(마 25.40) 말씀에서 인생의 목적과 방향을 깨닫게 되었다. 이 말씀에 따라 이 세상에서 가장 어렵고 힘든 삶을 사는 '지극히 작은 자들'과 함께 행복하게 일하는 기업을 만들겠다는 꿈을 꾸게 되었다. 이 기업의 핵심 사업인 '히스빈스'는 장애인 바리스타가 만드는 고급 커피 전문점으로서 전국에 점포를 확장해 가고 있다. 히스빈스 컨설팅 사업은 직원 200명 이상 규모의 병원, 학교, 기업 및 공공기관을 대상으로 하여 장애인 의무고용을 위한 맞춤형 컨설팅을 제공하고 있다.

서빙로봇 스타트업 베어로보틱스를 창업한 하정우 대표는 구글 엔지니어 출신으로 미국에서 부업으로 순두부 가게를 운영했다고 한다. 종업원들이 뚝배기나 돌솥에 데이고 다치는 경우가 많았다. 종업원이 덜 힘들고 안전하게 일할 방법을 찾다가 찾은 답이 서빙 로봇이었다. 아무도 관심 있게 보지 않았던 문제를 해결하기 위해 자율 주행으로 음식을 나르는 서빙로봇을 개발하여 전 세계적으로 1만 대의 주문을 받았을 정도로 큰 주목을 받고 있다.

휴대용 초음파진단기를 개발하여 전 세계 40여 개국에 수출하고 있는 힐세리온의 류정원 대표는 병원 의사로서 겪은 경험에서 사업 아이디어를 얻게 되었다고 한다. 심정지 상태로 실려온 만삭의 임산부 환자를 구급차로 이송하면서 의료현장의 절실한 문제를 발견하게 되었다. 태아의 생존 여부를 확인하려면 초음파를 해야 하는데, 휴대할 수 있는 초음파진단기가 없어서 아무런 조치를 취할 수가 없었다. 이러한 경험을 토대로 모든 의사가 휴대폰처럼 가지고 다닐 수 있는 세계 최초의 무선 휴대용 초음파진단기를 개발하게 되었다.

취미활동

취미활동이 사업의 기회로 이어지는 사례도 많다. 애플컴퓨터의 창업도 공동창업자인 스티브 워즈니액이 만든 조립 PC가 사업의 계기가 되었다. 취미로 만든 것을 스티브 잡스가 사업기회를 인지하여 판매하기 시작한 것이 오늘날 거대한 PC 산업을 일으킨 출발점이 되었다. 마이크로 소프트의 빌게이츠도 고등학교 시절의 취미활동이 창업으로 연결되었다. 우리나라에도 이러한 사례가 증가하고 있다. 한글과컴퓨터의 창업자인 이찬진, 안랩의 창업자인 안철수 등이 대표적인 사례에 속한다.

델컴퓨터의 마이클델의 경우는 어렸을 때부터 컴퓨터에 대한 관심과 취미가 있었다. 열다섯 살 때 애플사의 컴퓨터를 구입하고, 즉시 분해하여 조립하면서 컴퓨터의 구조를 이해하고 이를 사업기회로 포착했다. 부모의 반대에도 불구하고 컴퓨터에 대한 강한 애착으로 의과대학을 중퇴하고 컴퓨터 조립회사를 설립했다. 당시 애플과 IBM PC가 전국적인 판매망을 구축해서 영업을 하고 있었지만 소비자들의 불만이 많았다. IBM PC는 소매점에서 보통 3천 달러에 팔리지만 부품은 6~7백 달러에 불과하여 매력적인 틈새시장이 있음을 알게 되어 기회를 포착하고자 창업했다.

한글과컴퓨터의 창업자 이찬진의 경우, 하드디스크도 없는 8비트 컴퓨터를 하나 얻어 가지게 된 후 밤잠을 설쳐가며 컴퓨터 잡지와 책자를 구해 밤새 읽었다. 대학 입학한 후 컴퓨터 연구회란 동아리에서 컴퓨터에 빠져있는 선후배를 만나 함께 창업에 도전하였고 아래 한글이라는 한글 소프트웨어를 개발하게 되었다. 넥슨의 창업자 김정주는 KAIST 박사과정 재학 중 게임에 매료되어 학업을 중도에 포기하고 창업전선에 뛰어들었다. 온라인 게임에 더 많은 어린이와 젊은이들이 즐길 수 있고, 게임에 대해 사회적 분위기가 긍정적으로 바뀔 것으로 예상하며 사업을 시작했다.

새로운 기술의 발견

과학기술의 발전은 이전에 전혀 존재하지 않았던 새로운 사업기회를 만들어 낸다. 20세기후반 마이크로일렉트로닉스와 인터넷의 등장은 거대한 산업군을 형성시켰다. 벨연구소에서 발명한 반도체는 70년대 마이크로프로세서 발명으로 연결되면서 PC 산업의 발전을 가져왔다. 인터넷의 보급과 확산은 수많은 연관 산업을 만들어 냈고, 기업의 경영프로세스 혁신, 사업모델의 변화를 가져왔다. 무선통신 기술의 발전은 모바일 산업군을 만들어 냈으며, 유통, 게임 분야에 엄청난 파급효과를 미치고 있다. 21세기 현재 4차 산업혁명이라는 거대한 물결 속에서 수많은 사업기회가 만들어지고 있다. 인공지능, 빅데이터, 클라우드, 사물인터넷, AR, VR, 3D 프린팅 분야에서 수많은 스타트업들이 탄생하고 있다.

파크시스템즈를 창업한 박상일 대표도 기술적 발견을 통해 사업기회를 찾은 경우에 해당한다. 얼마 전까지만 해도 물질의 기본 구성단위인 원자나 분자는 인간이 탐구할 수 있는 영역이 아니었다. 그저 어떤 물질로 구성되었을 것이라는 추측과 간접적인 실험만 가능했던 신의 영역이었다. 박 대표의 스탠퍼드 대학 박사과정 재학 시절 원자현미경 전신인 STM을 이용하여 원자 하나하나를 관측하는 것이 가능하다는 연구결과가 발표되었다. 그는 박사학위를 받은 후 이 기술을 이용하여 원자현미경을 제작하는 회사를 창업하게 되었다.

메디톡스의 창업자인 정현호 대표는 KAIST 생명공학과를 졸업한 보톨리눔 독소 국제전문가 중의 하나이다. 독소를 이용한 치료용 바이오 의약품, 비정상적 근육 수축, 신경자극이 원인인 모든 질환에 이용 가능한 물질이다. 국내 최초, 국내 유일의 상업화된 보톨리눔 독소소재 완제품을 개발하여 수입에 의존해 오던 제품의 국산화에 성공했다.

창업 성공 전략

역량 있는 창업 팀의 구성

창업에 성공하려면 팀 구축(team building)을 잘해야 한다. 리더십을 올바로 발휘하면 소통이 원활해지면서 구성원들 간의 신뢰가 구축된다. 신뢰가 구축되면 소통이 잘 되기 때문에 소통과 신뢰의 선순환이 이루어진다. 따라서 창업기업의 리더는 신뢰를 손상시키는 말이나 행동을 조심해야 한다. 회사의 비전을 명확하게 제시하고 공감할 수 있도록 해야 한다. 이해관계의 갈등이 발생할 때도 공정성과 배려의 마음을 가지고 조정자의 역할을 해야 한다. 특히 창업 핵심 멤버간의 갈등이 일어나지 않도록 이해관계 충돌을 방지하기 위한 방법을 만들어 예방 조치를 해야 한다.

창업에는 다양한 지식과 자원의 결합이 필요하기 때문에 역량 있는 사람들을 창업 팀에 합류시키는 것이 중요하다. 창업자 자신이 부족한 부분을 보완해 줄 수 있는 사람을 찾아서 팀에 영입해야 한다. 기술자가 창업을 할 때는 경영관리와 영업 인력이 보강되어야 한다. 반대로 경영전문가는 우수한 기술 인력의 팀에 참가시켜서 기업의 핵심역량을 구축해야 한다. 창업기업이 성공적으로 시장에 진입하더라도 심각한 위기에 빠지게 되는 것은 균형 잡힌 팀이 만들어지지 않았기 때문인 경우가 많다.

투자자들도 창업자 개인의 역량도 보지만 더 중요하게 보는 것이 팀 구성과 팀의 역량이 다. 그러니 창업과정에서 창업자의 고민은 우수한 인력을 모으기가 어렵다는 사실이다. 창업단계의 기업은 자원이 부족하기 때문에 보상이나 근무환경이 열악한 경우가 많다. 사회적 인지도가 낮고 실패 위험이 높기 때문에 매력적인 직장의 조건에 미달되기 쉽다. 미래의 가능성을 보고 현재의 어려움을 극복해 나갈 수 있는 사람들을 찾아야 한다. 비전을 제시하고 스톡 옵션(stock option) 등 미래의 성과에 기반한 보상 방법을 제시해야 한다.

임팩트스퀘어의 도현명 대표는 팀 빌딩에 대한 경험을 이렇게 말한다. "저희는 창립멤버가 모두 크리스천이 아니고, 지금도 직원들의 절반 정도는 크리스천이 아닙니다. 물론 제가 처음 회사를 만들 때에 소명을 가지고 만들었고, 중간에 회사를 피봇팅 할 때도 소명적으로 진행했지만 같이 하고 있는 리더십 중에는 크리스천도 있고 아닌 사람도 있어요. 크리스천들이 비크리스천과 함께 하는 시간 속에서 우리가 어떻게 살아가는가를 보여주는 것이 중요하다고 생각했습니다. 제가 기대했던 것은 만약에 진짜 하나님께서 이 기업에 원하고 기대하는 것이 있다면 함께하는 리더십들을 제가 잘 이끌고 설득할 수 있도록 많이 기도를 했고요. 지금 함께 하는 리더십들이 제가 제시한 비전에 다 동의했기 때문에 여전히 함께하고 있습니다."

효과적인 시장전략의 수립

창업 초기 단계에서 실패의 주 원인은 시장 진입시 발생하는 비용과 위험을 감당하지 못하기 때문이다. 모든 시장에는 진입장벽(entry barrier)이 존재하며, 진입장벽이 높을수록 비용과 시간이 많이 소요된다. 진입장벽이란 기존 기업이 구축해 놓은 원가 우위나 차별화, 관계망들에 의해 발생한다. 따라서 차별화를 통해 진입장벽을 우회하는 전략을 개발해야 한다. 차별화의 요인은 기술, 품질, 성능 등의 물리적 요소뿐만 아니라 미적 감각, 사회적 지위에 대한 만족 등 심리적인 요소가 차지하는 비중이 크다. 차별화 전략의 성공 여부는 제품이나 서비스에 대한 소비자의 인지도나 충성도를 형성할 수 있는가에 달려있다.

틈새시장(niche market)을 공략하는 것도 진입장벽과 위험을 낮출 수 있는 전략이다. 기존 기업들이 미처 인지하지 못한 시장이거나, 시장 규모가 작아서 관심을 주지 않는 시장에 집중하여 진입을 하는 전략이다. 이 전략은 좁은 범위의 시장과 고객을 상대로 하여 기존 기업과 효과적으로 경쟁할 수 있다는 장점이 있는 반면, 시장 확대의 어려움을 겪을 수 있다는 단점이 있다.

모바일게임이라는 틈새시장에 선발자로 진입하여 성공한 기업이 박지영 대표의 컴투스이다. 그 당시 누구도 휴대폰으로 게임을 서비스한다는 생각을 하지 못했던 상황이었기 때문에 게임 업계에서는 회의적인 반응이었다. 그러나 박 대표는 먼저 시작하면 누구보다도 잘 할 수 있을 것이라는 생각에 밤낮없이 개발에 몰두했다. 각고의 노력 끝에 개발한 게임을 갖고 이동통신사에 찾아가서 설득한 결과 1999년 8월 국내 최초로 모바일게임 사업을 시작하게 되었다.

초기 비용 부담 줄이기

경험이 없는 창업자가 사업을 시작하면서 당황하는 것은 예상보다 지출이 늘어난다는 사실이다. 사무실이나 공장 임대료, 시설비 등 고정비 부담이 커지면 자금 압박을 받게 된다. 따라서 창업기업은 자금 흐름이 안정될 때까지 사무실이나 공장에 투자되는 비용을 최소화하여 자금부족의 함정에 빠지지 않도록 해야 한다. 미국에서 흔히 창업이 자기 집 차고(garage)에서 시작되는 이유가 바로 비용절감 때문이다. 우리나라에서는 대학, 지자체, 공공기관 등에서 다양한 형태의 창업 공간을 제공하고 있기 때문에 이를 활용하면 초기 비용을 절감할 수 있다.

사업을 개시하면 월별 자금 소진율에 관심을 기울여야 한다. 제품 개발에 들어가는 연구개발비 외에 인건비, 사무실 운영비 등의 비용이 발생하는데, 자금 조달 규모에 비해 자금 소요가 많으면 운전자금의 압박을 받게 된다. 현금 소진율을 줄이기 위해 외부 자원을 적극 활용하도록 해야 한다. 자체 조달 자금만으로는 한계가 있기 때문에 정부나 창업지원 기관이 제공하는 창업자금을 활용하는 것이 필요하다.

경쟁우위의 지속화

창업이 실패하는 원인 중의 하나가 경쟁우위를 지속시키지 못하기 때문이다. 한때 경쟁우위가 있었더라도 다른 업체가 모방하거나, 경쟁우위의 기반이 되는 자원의 가치가 약화되면 위기에 빠지게 된다. 경쟁우위의 지속성 여부는 경쟁자들에 비해 고객들에게 더 나은 가치를 전달할 수 있는가에 달려 있다. 초기 시장진입에 성공하고 나서도 다른 경쟁자가 후속 진입하여 경쟁강도가 높아지면 급속히 경영성과가 떨어지는 이유도 경쟁우위의 소멸현상 때문이다. 기술의 수명주기가 짧아지고 있기 때문에 경쟁우위가 약화되는 현상에 대한 대비책도 필요하다.

경쟁우위를 지속시키기 위해서는 자사의 핵심역량(core competence)이 어디에 있는지 확인해야 한다. 이를 위해서 시장수요와 고객의 욕구에 대한 명확한 인식, 고객욕구에 대한 감지능력이 있어야 한다. 경쟁우위를 바탕으로 거래선과 교섭력 우위를 확보해서 사업의 주도성을 유지해야 한다. 또한 자사의 핵심 기술이 유출되지 않도록 보호책을 마련해야 한다. 고용관계를 맺는 첫날 직원들에게 '비밀유지 동의서'에 서명하도록 해야 한다. 특허에 관련된 개발절차를 문서화하고, 정부의 기술보호 지원정책을 활용해야 한다.

관리시스템의 구축

경영의 효율성을 높이기 위해서는 올바른 관리시스템이 구축되어야 한다. 조직은 성장하면서 사람이 늘어나고 생산·운영관리, 영업·마케팅 관리, 재무·회계관리, 재고와 품질관리 등의 복잡성이 증가하기 때문에 이를 효과적으로 관리할 수 있어야 한다. 자금관리가 잘 안 되는 경우 현금흐름(cash flow)의 불균형으로 인해 자금 압박을 받게 되고 금융비용이 높아지게 된다. 생산 및 품질관리 역량이 부족하면 제품경쟁력을 저해하고 고객의 불만족을 초래하게 된다. 매출채권관리가 부실하면 재무와 수익관리의 어려움이 발생한다.

관리가 제대로 되지 않으면 비용이 늘어나게 되고, 의사소통이 어려워지면서 구성원간 갈등이 증가하게 된다. 특히 조직의 규모가 급속하게 커지면 이러한 현상이 심해지게 되는데 이를 조직의 성장통(growing pain)이라고 한다. 마치 사람이 성장기에 겪는 어려움과 유사한 현상이다. 이를 해결하기 위해서는 조직의 성장단계에 따라 적절한 관리시스템을 갖추어야 한다. 업무처리 방식을 공식화하고 내부 통제 수단을 마련해야 한다. 유능한 중간관리자를 양성하여, 이들에게 자기 직무를 충실히 수행할 수 있게 능력을 키울 수 있도록 지원해야 한다.

맺는 말 –
BAMer,
치열한 시대 속에서

이 책은 복음(text)과 상황(context)을 함께 다루고 있다. 우리 하나님의 백성들은 늘 그래왔듯이 영구불변한 진리인 복음을 붙들고 인생을 살아갈 텐데, 한편으로 한국사회를 비롯한 글로벌 모든 삶의 자리들이 대부분 비즈니스 상황이 되었음을 주목해야 한다. 예전엔 '비즈니스'라고 하면 경영과 경제 영역을 떠올리고 누군가에 의한 창업과 기업운영 정도를 떠올렸으나, 지금은 그 범위와 영향력이 훨씬 커졌다. 의료 뒤에 수식어처럼 비즈니스가 붙고, 마찬가지로 사회복지, 교육, 문화, 언론 뒤에 비즈니스라는 단어가 따라 붙게 되었다. 그만큼 우리 생활 전반에 '돈의 논리'가 침투하여 그 자리를 넓히고 있음을 확인할 수 있다. 복음을 아는 자로서 우리의 삶 역시, 전례 없이 치열해진 자본주의 환경을 고려하지 않을 수 없는 시대다. 글로벌 도시화-자본화 현상에 따라, 해외 선교현장 속 현지인들도 스마트폰 활용은 기본이요 선교적 접촉점을 고려하는 차원에서 그들의 사회-경제 상황을 고려해야 하는 요즘이다.

앞선 내용을 통해, 우리는 돈의 힘이 부쩍 강해진 비즈니스 세계 속에서 하나님의 백성으로서 어떤 관점을 가지고 살아야 하며 세상 가운데 어떤 선교적 라이프스타일을 살아야 하는가에 관해 차례로 확인하였다. 1장에서는 미셔널 라이프 개론을 다뤘고, 2장과 3장에서는 노동, 일터, 돈, 시장을 바라보는 관점을 배우며 Business As Mission 가치를 다뤘으며, 4장과 5장에서는 실제로 국내와 선교지현장 속 비즈니스 상황에서 BAMer로서 살아가는 기업 대표들의 인터뷰들을 접했다. 마지막으로, 6장과 7장을 통해 젊은 크리스천들의 창업 활동에 도움이 될 수 있는 BAM 창업 길라잡이를 공유했다.

요컨대 이 책 안에 BAM 이론도 있고 기업 사례도 있으며 창업에의 도전도 있지만, 가장 중요한 것은 독자 여러분의 삶이 '선교적 삶'이 되는 것이다. 선교적 삶(missional life)이란 단순히 주일에 교회 출석을 잘하고 교회부서 봉사에 열심히 참여하며 방학 때 되면 해외아웃리치에 착실히 참석하는 것을 훨씬 넘어선다. 주일 하루 건물교회 안에서의 신앙생활을 넘어, 월요일부터 토요일까지 비즈니스 논리가 지배하는 우리 모든 일상이 진정 '복음적'이 되어야 할 텐데, 선교적 삶에는 우리 일상 가운데 우리로 복음적으로 살지 못하는 것들 앞에 '강력하게 맞서며 도전하는 태도'가 전제된다. 세상 모든 이들이 돈의 힘 앞에 충직하게 줄서고 돈의 논리에 착실하게 따르는 삶을 살아갈 때, 우리 스스로 "복음을 아는 자로서, 과연 이러한 삶이 합당한가?"라는 질문을 갖는 것이 중요하다.

적잖은 크리스천 창업가들을 봐왔다. 복음으로 인해 가슴이 뜨거워져 선교(mission)의 열정을 가지고 기업 활동(business)에 뛰어드는 이들을 보지만, 실제로 매일 비즈니스의 치열한 과정 속에서 복음적 가치(as)를 창출하는 것은 상상 이상으로 어렵다. 비즈니스 상황 속에서 돈의 무게감을 온 몸으로 느끼며, '한 영혼에 대한 배려보다는 당장 손에 잡히는 이익'을 선택하기 쉽고, '정직과 성실보다는 짜릿한 요행과 꼼수'를 선택하기 쉬우며 '정의보다는 거짓과 술수'를 선택하기 쉽기 때문이다. 굳이 우리의 말과 행동이 "죄냐 죄가 아니냐"를 넘어서, 세상 모든 사람들이 쉽게 따르는 것을 과감히 안하기로 결정하는 것도, 그리고 모든이들이 안 하려 하는 것을 역풍을 감수하면서도 하기로 결정하는 것은... 표현 그대로 좁은 문, 좁은 길이다.

이 책 4장과 5장에 등장하는 국내와 선교지현장 기업 대표들이 대단하다 여겨지는 것은 바로 그 때문이다. 회사규모, 매출, 그리고 고용인원으로만 따지자면 이들보다 잘 나가는 기업가들은 세상에 넘치고 넘친다. 그럼에도 이들이 탁월하다 여겨지는 이유는, 각자의 내면 안에 잘 자리 잡은 군건한 '복음'이 비즈니스 '상황' 속에서 제대로 힘을 발휘하기 때문이다. 남들처럼 그저 '돈'에만 충실할 수도 있음에도, 기업 활동 속에서 회사 내 다양한 이해관계자들을 배려하고 주변의 어렵고 소외된 이들을 챙기고 세운다. 지역사회와 이웃의 문제들을 돌아보며 이를 비즈니스 방법으로 해결하기 위해 애쓴다. 이 모든 중심에는 복음이 있다.

여러분이 '창업의 단계'까지 이르지 않아도 상관없다. 굳이 창업가요 기업인으로 살지 않더라도 직장인, 예술인, 스포츠맨, 유튜버, 비영리활동가, 목회자 등등 다양한 직업으로 살며 어느 자리에 있든 이 질문 하나를 가지고 살면 좋겠다. "나는 복음을 아는 자인가?", "지금 복음을 아는 자다운 일상을 살고 있는가?"

지금의 젊은 세대들 즉 청소년, 대학생-청년들이 향후 30년간 마주할 '시대 키워드 3가지'다. 첫째는 4차 산업혁명 시대요, 둘째는 다문화 상황이며, 셋째는 통일한국 비전이다. 각각의 키워드들을 자주 신문기사, 뉴스, 여러 모임 등을 통해 접했을 거라 생각한다만, 이 셋은 한꺼번에 우리를 향해 돌진하고 있는 그래서 향후 30년 한국 사회-경제는 물론 글로벌 곳곳을 휩쓸 시대적 과제요 도전이다. 젊은 세대들이 위의 키워드들을 복음과 상황 차원에서 차분하고도 냉철한 관점으로 성찰하면 좋겠다. 책을 마무리하기 전에 세 영역에 있어서 BAMer들이 가져야 할 최소한의 생각할 꺼리들을 공유하려 한다.

첫째, 4차 산업혁명 시대. 코로나-19 직전만 해도 "4차 산업혁명 시대"라는 표현이 TV와 신문, 유튜브, SNS 등 미디어에 난무하는 가운데 한쪽에 있는 이들은 긴장감과 경각심을 갖고 이를 적극 수용하면서도 또 한쪽에서는 '이게 실제로 존재하기는 한 것인가'라는 질문을 던지기도 했다. 코로나-19를 지나면서 많은 이들이 느끼는 것은 "어느 순간부터 4차 산업혁명 시대라는 표현이 우리 주변에서 사라졌다"는 것이다. 4차 산업혁명 기술들이 코로나-19로 인해 우리 삶 가운데 훅(!!!) 들어와 버리면서 시대 명칭에 관한 언급과 논란들 역시 사라져 버렸다. 스콧 갤러웨이 교수(뉴욕대)는 그의 저서 〈거대한 가속〉을 통해 "코로나-19로 인해 개인, 사회, 비즈니스 등 모든 추세가 10년씩 앞당겨졌다"고 말한다. 그러면서 코로나 시대 이후의 비즈니스 판도, 고등교육 시장, 공공 시스템에 관한 미래를 예측을 한다. 우리는 이미 새로운 시대를 살아가고 있다.

정말이지, 불과 5년 전만 해도 TV뉴스 화면을 보며 "우와~ 정말로 저런 일이!" 했던 일들이 이미 우리의 현실이 되었다. 축구경기장 대여섯 개 크기의 거대한 공장 안에 힘도 세고 머리도 좋은 로봇 일꾼들이 재빠르게 움직이는 모습, 택배 배달원 분들이 기업 AI시스템의 철저한 통제 아래 단 1초도 쉴 틈 없이 노동하는 모습, 가게-매장의 키오스크와 로봇 종업원의 도입으로 말미암아 청년들의 일자리가 대체되는 모습, 그리고 프로야구 경기가 끝난 뒤 AI가 스스로 하이라이트 동영상을 편집하여 야구팬들에게 제공하는 모습... 이제 더 이상 낯설지 않다. 그 외에도 변호사와 의사가 하던 일, 기업의 중간관리자들이 하던 일들이 빠른 속도로 기계로 대체되고 있다. 최신 과학기술은 K-Culture로 불리는 대중문화와 폭발적인 시너지를 내며 글로벌 스케일로 확장되고 있다.

이러한 시대상 가운데 크리스천들은 우리의 생각과 마음을 어디에 둬야 할까? 앞서 "자본의 힘이 세졌다"는 표현을 여러 차례 썼다만, 향후 30년 아니 그 이후에도 계속해서 이런 양상은 더욱 가속화 될 것이다. 세상이 과학기술의 범람, 자본의 폭주, 인간 혈기의 난무로 귀결되는 상황 속에 물론 누군가는 이를 통해 성공을 맛보며 승승장구 기세등등의 삶을 살겠지만, (적잖은 전문가들의 말로 미뤄볼 때) 전 세계 인구 대부분은 부익부 빈익빈의 양극화 속에 '빈'의 상태에서 벗어나지 못할 것으로 예상된다. 다시 묻는다. 크리스천으로서 이러한 시대와 세대의 양상을 어떤 관점으로 바야 할까? BAMer로서 고민하지 않고 살아간다면 또 긴장하지 않고 살아간다면, 우리 중 대부분은 그저 돈이 이끄는 대로 그리고 많은 이들이 선택하는 대로 살아가지 않을까 생각해 본다.

둘째, 다문화 상황. 글로벌 곳곳은 이주민 시대를 경험하고 있다. 세계 주요 국가들은 저출산, 고령화 대책의 일환으로 이민을 허용하는 추세이고, 세계화로 비즈니스 기회가 늘어나면서 '자본이라는 초지'를 떠돌아다니는 신유목민들도 늘어나고 있다. 국가들 간의 경제 격차가 커짐에 따라 저개발국가 노동자들이 부유한 나라에 일자리를 찾아 이동하는 인적 교류가 일어나고, 자연재해나 국제분쟁으로 발생한 난민들 또한 이주민 시대를 가속화시키고 있다. 한국의 경우도 마찬가지다. 2019년 기준으로 국내 외국인 노동자, 유학생, 결혼이민자의 숫자가 252만 명에 도달했다. 코로나-19 여파로 잠시 그 수가 줄긴 했지만, 전문가들은 2030년이 되면 한국 땅에서 500만 이주민들이 우리와 함께 살아갈 것으로 예측하고 있다.

그런 가운데, 우리에게 있어 중요한 이슈는 "우리 옆에 다가온, 다양한 나라에서 온 다양한 문화를 배경을 가진 이들과 어떻게 더불어 살아갈 것인가?"이다. 당장 TV 저녁뉴스만 봐도 외국인 노동자들을 고용한 뒤 이들에게 급여와 복지혜택에 있어 불평등한 대우를 하고 매우 열악한 환경에서 근무하게 한 악덕 기업주들이 등장하여 대중의 공분을 사곤 한다. 3년 전 예멘 난민들을 제주도에 들일 때 "이들을 받느냐 마느냐"를 두고 사회적으로 갑론을박이 있었고, 최근에는 미군의 아프가니스탄 철수로 인해 아프간 난민들 중 일부가 한국 땅에 들어오는 과정 가운데 또 한 차례 한국사회가 이주민 토론의 장이 되었다. 대한민국은, 이미 이주민 시대 한복판에 들어와 있다.

다문화-이주민들과 더불어 살아감을 다루다 보면 한국 사회 곳곳에서 일어나고 있는 배제와 차별의 문화와 마주하게 된다. 초등학생들조차도 부모의 월급 수준에 따라 아이들끼리 '이백충', '삼백충'이라 부르고 거주 형태에 따라 아이들끼리 '전거지'(전세), '월거지'(월세)로 나뉘며 서로를 구분하는 가운데, 우리 사회 안에 외국인 노동자와 유학생, 결혼이주민들에 대한 인식과 대우도 크게 다르지 않음을 보게 된다. 함께 질문하며 고민해 보자. "복음은 과연 이주민-나그네들에 대해 뭐라고 말할까?", "이들과 어떤 관계를 맺으며 살아감이 복음적이요 선교적일까?" BAMer들 가운데는 이주민 여성을 고용하고 다문화가정 아이들을 품는 비즈니스 활동을 하는 이들도 있다.

셋째, 통일한국 비전. 한반도 통일은 우리 모두에게 있어 영속적인 과제다. 남한과 북한의 관계는 늘 냉탕과 온탕을 오갔다. 오랜 휴전상태라 하지만, 냉정하게 말하자면 우리는 아직 '전쟁 중'인 상태다. 최근 대한민국 정부가 2018년 평창올림픽을 기점으로 북한과의 관계를 개선하려 의미 있는 시도를 했다만, 온탕모드는 그리 오래가지 못 했다. 2019년 베트남 하노이에서 열린 미국과 북한 정상회담이 엎어지면서 남북한 관계는 "참 어렵구나" 생각하게 된다. 이런 가운데, 크리스천으로서 우리의 북한을 바라보는 관점은 무척 중요하다. 적어도, 세상 사람들이 그렇듯이 "늬들이 그럼 그렇지" 식의 냉담하면서도 비아냥거리는 태도는, 우리 그리스도인들에게 어울리지 않는다.

분단된 한반도에 대한 안타까움과 애통함은 어디에서 오는가. 본래 하나였던 남과 북이 70년이 지나서도 여전히 이렇게 적대적인 분위기 속에 두 체제로 나뉘어 있다는 것도 그렇고, 전쟁으로 인해 서로 남과 북으로 나뉘어 살게 된 이산가족의 현실도 우리의 가슴을 아프게 한다. 북쪽 주민들의 인권이 유린되고 신앙의 자유가 박탈되어 있음 또한 그렇다. 가장 근본적인 아픔은, 하나님의 형상으로서 당연히 존중받고 행복을 누려야 할 북한 주민들 한 명 한 명이 김일성 3대의 독재 정권의 압재로 인해 그 분의 자녀로서 마땅히 누려야 할 복을 누리지 못한 채 죽어가고 있다는 것이다. 북한과 남한정부의 관계가 어떠하든 우리는 늘 하나님의 시선, 하나님의 마음으로 북한 땅과 그곳 주민들을 위해 기도하고 또 기도해야 한다.

한편, 최근 북한은 도시화-자본화 속에 있다. 1990년대 중후반 〈고난의 행군〉으로 인해 사회-경제적으로 큰 어려움을 겪은 가운데, 평양을 제외한 거의 대부분 지역들에 배급이 끊기고 북한 땅 곳곳이 장마당경제로 재편되고 있다. 현재 480여 개 종합시장이 운영되는 가운데, 주민들 가운데 이미 많은 돈을 가진 '돈주'가 출현하고 건물 하나가 세워질 때도 민간자본이 붙고 있는 상황이다. 북한의 도시화율도 60%를 넘어서고 있다. 이러한 북한 내 도시화-자본화 현상은 향후 통일선교의 방향을 재고하게 만든다. "나중에 통일이 되면 북한에 올라가 교회를 짓고 주민들을 전도하겠다"는 전통적인 구호를 넘어, 이제는 "도시민으로서의 삶을 살고 자본의 맛을 본 북한 주민들에게 어떻게 복음을 전할 것인가"라는 전략적 질문으로 옮겨가고 있다. 최근 20년간 북한 정부가 '북한 주민들의 민생에 필요한 영리 비즈니스 활동'을 전제로 디아스포라한인들을 입국시켰고, 이들의 기업활동을 통해 북한 주민들 안에 기독교의 가치가 확산되어 왔다는 사실은, 미래 통일한국 BAM 사역에 있어서 도전적인 주제이다.

책의 제1장을 〈예수가 답이라면 무엇이 문제인가〉라는 질문으로 시작했다. 정답은 예나 지금이나 앞으로나 예수님이고 그 분의 복음이 겠지만, 우리가 살아가고 있는 그리고 앞으로 살아갈 시대와 세대 상황은 결코 만만치 않다. 젊은 크리스천들이 산적한 시대적 과제와 도전들 앞에 늘 '질문하며 살아가는 신앙인'이 되길 바란다. 살아가는 가운데 말씀묵상도 기도하는 것도 필요하겠지만, 그만큼 복음을 아는 자로서 세상 속에서 청지기로서 책임을 다하는 삶도 중요하다.

아무쪼록 우리 내면과 인격을 변화시키는 바로 그 복음의 능력이, 여러분의 삶을 통해 세상으로 흘러나와 가정과 일터를 변화시키고 나아가 이미 많은 것이 무너지고 왜곡되어 있는 시대와 세대 속에 사회적, 환경적, 경제적 변혁을 일으키는 역사가 일어나길 기대한다. Business As Mission 가치가 여러분의 현재요 미래가 되길 바란다.

부록

1. 일상생활 속 문제 찾기

구 분		내 용
개요	소요 시간	100분
	대상	중·고등학생
	학습 목표	1. 생활 속에서 평소 쉽게 지나쳐 왔던 상황 등을 새로운 관점에서 바라봄으로써 개선하거나 해결할 수 있는 다양한 문제들을 발견할 수 있다. 2. 문제의 근본적인 원인을 파악하여 아이디어를 발굴할 수 있다. 3. 미래사회 변화에 따라 모든 미래 시민으로서 갖추어야 할 기업가정신과 자신의 관련성을 인식한다.
	기대 효과	1. 개인, 가족, 학급의 범위에서 더 나아가 학교, 지역의 문제를 인식하고 새롭고 창의적인 아이디어를 발현할 수 있도록 함. 2. 다양한 사고를 가진 사람들과 토론을 통해 문제들을 다르게 보고 새롭게 해석해 볼 수 있다. 3. 기업가 역량 증진: 아이디어 발상 역량, 피드백 제공 역량, 성찰 역량
	준비물	1. PPT 2. 사진, 영상자료 3. 포스트잇 4. 필기구 5. 학습지

1. 일상생활 속 문제 찾기

구 분	단계	교수-학습활동	소요시간
프 로 세 스	도입	1. 일상 속에서 발견되는 다양한 문제점들을 해결하는 것이 큰 변화를 가지고 올 수 있다는 것에 대한 공감 활동 　• 작은 실천으로 큰 변화를 가져온 사례들을 사진과 영상을 통해 제시한다. 2. 학습 목표 안내 　• (내용) 사회 변화를 가져올 수 있는 다양한 제품 및 서비스 사례를 통해 새로운 가치 창출 기회를 포착하고 아이디어를 발굴할 수 있다.	20분
	전개	1. 문제의 떠올리기 활동(20분) 　• 생활 속에서 경험했거나, 발견할 수 있었던 여러 문제에 대해 자유롭게 떠올리고, 즉흥적으로 떠오르는 생각들을 포스트잇에 적어 학습지에 붙인다. 　* 충분한 시간 제공 2. 문제 선정하여 구체화하는 활동(25분) 　• 팀 내 토의를 통해 여러 문제 중 중요 문제 3가지를 선정하고 활동지(문제 이름, 내용, 해결이 시급한 이유)를 작성한다. 　• 작성한 활동지를 게시한 후 다른 조 학생들에게 투표를 받아 조별 대표 문제를 선정한다. 3. 인터뷰를 통해 문제의 근본 원인 찾기(25분) 　• 개별 활동지를 활용하여 대표 문제의 원인 및 해결 방안에 대해 3명 이상 인터뷰 활동을 진행한다. 　• 각자의 인터뷰 내용을 토대로 의견들을 취합해 팀원들과 토의하여 문제를 재정의하고, 해결해야 할 문제의 근본적인 원인을 정리한다.	70분
	정리	1. 수업 과정을 정리하며 협업을 통한 문제 재정의가 제기된 문제에 대한 해결 방안을 찾는 방법임을 강조한다. 2. 다음 수업에서 문제해결 방안을 구체화 시켜 가시적으로 표현한 뒤 조별 발표를 진행할 것임을 예고한다.	10분
	평가 계획	1. 활동지 - 피드백 기록 및 반영의 성실성 평가 2. 발표 평가 3. 개별 참여도와 적극성 평가	

학습지 1-1 | 문제 떠올리기 활동(20분)

1. 브레인스토밍
일상 속에서 경험했던 불편함이나 해결되어야 할 문제점들을 포스트잇에 적어 각자 최소 3개 이상 붙인다.

2. 피드백 받기
각자의 아이디어를 팀원들에게 발표하고 피드백 진행하여 각 포스트잇 옆에 메모한다(공감대를 형성하며 타인에게 이해시켜주며 문제를 1차적으로 재정의하는 시간).

일상 속에서 나의 불편한 점

BAM : 비즈니스 세계에서 복음을 살다

학습지 1-2 │ 문제 선정하여 구체화하는 활동(25분)

팀 명	
이 름	

팀원들과 문제점들을 공유하여 가장 중요한 문제점 3가지를 선정하여 정리한다.

문제			
구분	1	2	3
문제이름			
해결되어야 하는 이유 (내용)			
투표순위			

학습지 1-3 │ 인터뷰를 통해 문제의 근본 원인 찾기(25분)

인터뷰를 통해 문제의 원인을 찾아보자!
· 우리 팀의 문제를 다른 조의 친구에게 설명하고,
  이 문제에 대한 의견과 개선 방안을 들어보고 정리한다.
· 각 문제당 최소 1건의 인터뷰를 진행한다.

우리 팀의 문제 1		
인터뷰 받는 사람		
인터뷰 내용		
문제의 원인과 개선방안		
우리 팀의 문제 2		
인터뷰 받는 사람		
인터뷰 내용		
문제의 원인과 개선방안		
우리 팀의 문제 3		
인터뷰 받는 사람		
인터뷰 내용		
문제의 원인과 개선방안		

2. 문제해결을 위한 아이디어 구현하기

구분		내용
개요	소요시간	70분 (추후 지속적인 활동)
	대상	중·고등학생
	학습목표	1. 프로토타입 캔버스를 활용하여 아이디어를 구체적으로 스케치 할 수 있다. 2. 문제 해결 과정과 프로토타입에 대해 발표할 수 있다.
	기대효과	1. 아이디어의 진정한 가치는 행동과 실천에 있음을 깨닫는다. 2. 문제해결의 과정은 실천의 과정이며, 소통과 수정의 과정임을 경험한다. 3. 기업가 역량 증진: 시각화 역량, 협업 역량, 프로토타입 제작 역량, 스토리텔링 역량, 실험 역량, 발표 역량, 혁신성
	준비물	1. PPT 2. 사진자료 3. 메모지 4. 연습장 5. 필기구 및 각종 문구류

2. 문제해결을 위한 아이디어 구현하기

구 분	단계	교수-학습활동	소요시간
프 로 세 스	도입	1. 완성도보다는 문제해결 아이디어를 다양한 방식 (설계도, 구상도)의 프로토타입으로 구현해 보는 경험이 중요함을 안내한다. • 간단한 문구 재료를 활용해 만든 아이디어 구상물의 예를 사진과 영상으로 제시한다.	10분
	전개	1. 아이디어 선정하기(10분) • 선정기준 예시를 참고하여 팀 내에서 자체적인 선정기준을 세워 문제해결을 위한 아이디어 3가지 중 대표 아이디어를 선정한다. 2. 그림으로 표현하기(15분) • 본격적인 제작할 프로토타입(시제품)의 제목을 제시하도록 한다. • 프로토타입 제작에 앞서 구상한 내용을 개별 연습장과 활동지 그림1을 활용하여 표현한다. 그림1에 팀원들에게 피드백을 받고, 피드백 내용을 활동지 아랫부분에 기록한다. • 피드백 내용을 바탕으로 그림2를 그리고, 팀 내 토의를 통해 프로토타입으로 제작할 하나의 그림을 선정한다. 3. 프로토타입 제작 및 발표(25분) • 팀 내 토의를 통해 선정한 그림2(설계도, 구상도)를 다양한 재료를 통해 프로토타입으로 표현한다. 팁별로 문제해결 과정과 프로토타입에 대해 발표한다.	50분
	정리	1. 팀별 프로토타입에 대해 다시 한 번 설명과 요약을 한다. 2. 프로토타입 제작 활동을 학생들이 개별 희망진로에 맞게 지속적인 심화 활동으로 이어갈 방안에 대해 안내한다.	10분
	평가 계획	1. 활동지 - 피드백 기록 및 반영의 성실성 평가 2. 발표 평가	

학습지 2-1 │ 아이디어 선정하기 (10분)

대표 아이디어를 선정하기 위해 어떤 기준으로 선정할지 정리한다.

아이디어 선정기준(예)

- 공익성: 사람들에게 어떤 이득이 될 수 있는지가 명확해야 함
- 차별성: 기존의 제품과 어떤 차별성이 있는지 명확해야 함
- 실천 가능성: 실천이 가능한 아이디이인지 확인 과정이 필요함
- 수익성: 어떻게 하면 계속해서 수익이 날 수 있는지,
  계속해서 제품을 만들 수 있는지 검토해야 함

1. 우리의 아이디어 선정기준

2. 이유

3. 선정된 아이디어와 선정 이유

아이디어	
선정이유	

선정된 아이디어를 시각화하여 팀원들과 공유한다.

1. 그림1에는 혼자 생각한 아이디어 프로토타입을 그린다.
2. 그림2에는 팀원들이 각자 그린 프로토타입 토론을 통해 의견을
   취합해 최종적인 프로토타입을 그린다.

아이디어 주제	
프로토타입 이름	

그림 1	그림 2

발표를 통해 얻은 피드백들을 정리한다.

3. 문제해결을 위한 비즈니스 모델 구축

구 분		내 용
개요	소요 시간	80분
	대상	중·고등학생
	학습 목표	1. 아이디어 구현 단계에서 만들어진 시제품을 실제 창업으로 연결시키기 위해 필요한 내용을 계획하는 것임. 2. 비즈니스 모델 구축 단계에서는 구현된 아이디어를 기대 고객들이 사용할 수 있도록 하기 위한 방안을 모색하고 이를 위한 구체적인 계획을 수립하는 것을 목표로 함.
	기대 효과	1. 기업가정신으로 도출된 아이디어를 사업화로 이어질 수 있는 구체적인 방안이 마련될 수 있다. 2. 사업계획서를 작성하기 위해 자료조사와 분석을 함으로써 해당 시장에 대한 이해도를 높힐 수 있다. 3. 기업가 역량 증진: 아이디어 발상 역량, 기록 역량, 시각화 역량, 자료 분석 역량, 피드백 제공 역량
	준비물	1. PPT 2. 사진자료 3. 컴퓨터 4. 필기구 및 각종 문구류

3. 문제해결을 위한 비즈니스 모델 구축

구분	단계	교수-학습활동	소요시간
프 로 세 스	도입	1. 기업가정신 역량 증진으로 구체화된 프로토타입의 사업화 준비 • 실제 창업을 시작하기 전 사업계획서 작성의 중요성을 이해시켜준다. • 구체화한 제품 또는 서비스를 둘러싼 내외부 환경을 인식하고 구체적인 강점과 약점을 분석하여 전략을 세워야 한다고 설명	10분
	전개	1. 아이디어 개념화하기(15분) • 팀별로 선택된 아이디어를 사업화한다는 가정하에 학교 구성원들에게 어떤 가치를 제공할지 아이디어를 개념화한다. • 작성 시 고려해야 할 요소 - 누가 어떤 불편함을 갖고 있는지 생각하기 - 그 불편함을 해결하기 위해 어떻게 하고 있는지 찾아보기 - 그것을 어떻게 해결하고자 하는지 제시하기 2. 사업화하기 위한 개념의 명료화(15분) • 팀별로 제시한 비즈니스 모델의 수익과 가치를 창출하기 위해 문제의 원인, 해결방안, 잠재 고객, 필요 요인, 실행 방법, 비용과 그에 따른 수익이나 가치 창출에 대한 구체적인 상황을 비즈니스 캔버스에 작성한다. 3. 사업계획서 작성하기(30분) • 사업계획서 작성하기 • 팀별로 작성한 사업계획서 발표하기	60분
	정리	1. 팀별로 발표 후 피드백 받은 내용을 반영하여 개선사항을 정리 2. 구체적이고 실현 가능한 수준의 사업계획서를 수정 및 작성한다.	10분
	평가 계획	1. 활동지 - 피드백 기록 및 반영의 성실성 평가 2. 발표 평가	

학습지 3-1 | 아이디어 개념화하기(15분)

작성 시 고려해야 할 요소

1. 누가 어떤 불편함을 갖고 있는지 생각하기
2. 그 불편함을 해결하고 위해 현재 어떻게 하고 있는지 찾아보기
3. 그것을 어떻게 해결하고자 하는지 제시하기

우리 팀의 아이디어를 사업화하기 위해 '아이디어 개념화'를 해본다.

작성 Tip

1. 사회나 학교 구성원(고객)에게 어떤 가치를 제공하는가?
2. 중요한 활동은 무엇인가?
3. 어떠한 자원을 활용하고, 사회나 학교 구성원(고객)과의 관계는 어떻게 유지해야 하는가?
4. 학교 구성원(고객)의 채널과 타깃 구성원은 누구인가?

예) 수면 유도 애플리케이션
(불면증이 있어 잠이 필요로)하는 (학생)들이 (수면제 복용)을/를 하지 않아도 (금방 숙면에 취)할 수 있는 (스마트폰 어플리케이션 기반)의 (수면 유도 서비스 "제품/서비스명")입니다.

작성 팁(tip)을 참고하여 사업화를 위한 '아이디어 개념화'

(고객 니즈/행동)하는 (목표 고객)을/를 위해
(기존 대안/경쟁사)을/를 하지 않아도 (핵심아이디어) 할 수 있는
(제품 카테고리)의 (제품/서비스명)입니다.

학습지 3-2 │ 사업화하기 위한 개념의 명료화(15분)

1. 대상 소비자 유형:

2. 소비자 불편함이나 요구:

3. 불편함이나 요구의 해결 방안:

4. 기존 유사 제품 분석:

5. 우리 제품의 효용성과 강점:

개념 명료화를 위한 비즈니스 캔버스

문제가 무엇일까?	어떻게 해결할까?	누구에게 필요할까?
무엇이 필요할까?	어떻게 실행할까?	나는 무엇을 할까?
비용은 얼마나 들까?	우리의 아이디어가 어떤 효과를 발생할까?	수익은 어느 정도 발생하며 어떻게 사용할까?

학습지 3-3 │ 사업계획서 작성해보기(30분)

다양한 방법으로 도출된 아이디어와 개선사항을 반영하여 사업계획서 작성

> 사업계획서 작성 방법
> 1. 회사소개(비전 및 전략)
> 2. 제품소개(창업 아이템)
> 3. 시장 현황(시장 규모 및 특성, 주요 수요처 현황, 경쟁 업체 현황, 가격 경쟁력 등)

1. 회사소개(비전 및 전략)

2. 제품소개(창업 아이템)

☐ 기능 및 용도

☐ 제품이나 서비스 특성 또는 차별점

3. 시장 현황

☐ 관련 시장 규모 및 특성(제품을 이용할 수 있는 소비자의 수와 특성)

☐ 주요 수요처 현황(제품을 필요로 할 것으로 예상되는 기업 혹은 소비자 층)

☐ 국내외 경쟁 업체 현황(유사 기능이나 제품으로 시장에서 경쟁하게 될 업체)

☐ 가격 경쟁력(경쟁 제품과의 성능 대비 가격 비교)

☐ 기타(추가하고 싶은 내용)

4. 아이템/서비스 홍보물 만들기

구분		내용
개요	소요 시간	80분
	대상	중·고등학생
	학습 목표	1. 예상 구매자를 대상으로 한 고객 분석을 통해 관심분야의 동향과 전망을 종합적으로 판단하여 판매 전략과 홍보 전략을 세운다. 2. 제품 홍보 전략과 계획을 세우고 판매처, 투자자를 확보 할 수 있다. 3. 투자단계에 앞서 아이템을 홍보할 홍보물을 제작 할 수 있다.

	기대
	효과
		1. 창의력을 발휘하여 주어진 상황에서 홍보효과를 높이고 잠재
		   고객에게 적합한 홍보물을 제작 한다.
		2. 고객 심층 분석을 통해 관심분야 및 해당 산업과 시장에 대한 이해도
		   향상
		3. 기업가 역량 증진: 스토리텔링 역량, 시각화 역량, 자료 분석 역량,
		   기획 역량

	준비물	1. 포스트잇 2. 색매직 및 사인펜 3. 컴퓨터 4. 풀 5. 사진자료

4. 아이템/서비스 홍보물 만들기

구 분	단계	교수-학습활동	소요시간
프 로 세 스	도입	1. 홍보물과 홍보방법에 대한 시대적 변화 설명 • 포스터를 중심으로 초기에 제작되었던 광고 포스터와 인쇄물을 사진으로 설명하고 디지털화된 최근 홍보물들을 비교하며 어떻게 홍보물들이 발전해왔는지 보여준다. • 홍보물의 좋은 예와 잘못 된 예를 들어 학생들이 홍보물을 어떻게 제작해야 좋을지 고민해보게 한다.	10분
	전개	1. 홍보전략 세우기(15분) • 팀 내에서 판매할 아이템/서비스의 주 타깃이 어떠한 고객층인지 토론을 통해 정의한다. • 주 고객층에 대한 정보를 취합해 분석을 통해 어떤 홍보가 이루어져야하며 아이템/서비스의 어떠한 부분을 강조시켜야 할지 고민해본다. 2. 홍보물 스케치(15분) • 홍보물을 제작하기 전에 개인별로 홍보물을 스케치한다. • 팀원들과 공유해 의견을 나누어 최종 홍보물 제작에 쓰일 요소들을 정한다. 3. 홍보물 제작하기(30분) * 충분한 시간 제공 • 색매직과 필요시 각종 출력물들을 활용해 포스터나 브로셔를 제작한다. • 제작한 홍보물을 발표한다.	60분
	정리	1. 발표를 마치고 타 팀에서 본 홍보물들을 보고 느낀 점과 개선되어야 할 부분들을 도출해낸다. 2. 모의투자가 진행될 것이라고 예고	10분
	평가 계획	1. 발표 평가 2. 홍보물 제작에 있어 개인별 참여도 평가	

1. 우리 제품/서비스를 구매할 고객 분석 및 페르소나 정의

① 고객 이미지를 그림으로 그리고, 간단한 인구학적 정보들을 나열합니다.	② 고객의 행동/활동 및 신뢰하고 있는 내용들을 작성합니다.
③ 고객이 갖는 불편함이나 불평, 기대들을 작성합니다.	④ 불편/불만 기대들을 해소할 잠재적 해결 방안들을 나열합니다.

2. 홍보 전략

우리 제품만의 차별성 및 장점을 부각시킬 수 있는 홍보물 콘셉트
예) 환경 오염을 줄일 수 있는 소재로 만들어진 최신 유행 티셔츠

학습지 4-2 │ 홍보물 스케치(15분)

진행 중인 아이템/서비스의 연관 키워드를 설정해 그 중심으로 포스터/브로셔를 스케치 한다.

(제품명/서비스명)의 포스터/브로셔

5. 비즈니스 모델 실현

구분		내용
개요	소요 시간	80분
	대상	중·고등학생
	학습 목표	1. 개발한 아이디어 제품에 대한 피칭을 할 수 있다. 2. 개발한 아이디어 제품을 반 학생들과 공유하여 모의 투자를 할 수 있다.
	기대 효과	1. 개발된 아이디어 제품의 가치를 소비자에게 홍보하는 과정을 통해 사업화가 가능함을 알 수 있다. 2. 실제로 창업할 때 필수적으로 요구되는 자금 확보 혹은 투자금 유치 학습의 과정으로 모의투자 유치를 활용하여 본인이 설정한 사업의 가치를 평가받을 수 있다. 3. 창업계획 수립 단계에서 파악한 창업을 위해 필요한 다양한 자원을 활용하는 것으로 실제 창업 투자 유치와 같이 재정적 자원을 활용하는 것을 포함하여 전문적 지식과 기술, 창업 절차 등에 대해 이해 할 수 있다. 4. 기업가 역량 증진: 스토리텔링 역량, 시각화 역량, 자료 분석 역량, 협업 역량, 프로토타입 역량, 피드백 제공 역량
	준비물	1. 컴퓨터 2. 사진자료 3. 필기구 및 각종 문구류

5. 비즈니스 모델 실현

구분	단계	교수-학습활동	소요시간
프로세스	노입	1. 크라우드 펀딩 플랫폼 소개와 투자 유치 과정 소개 • 와디즈와 같은 대형 플랫폼에서의 실제 투자 절차가 어떻게 이루어지고 있는지 설명한다. • 투자 플랫폼에서는 아이템 혹은 서비스를 어떻게 소개하고 있는지 찾아보고 참고할 수 있도록 자료와 웹페이지 주소 제공 2. 투자설명회에 필요한 정보가 무엇인지 이해하고 발표 태도를 익힌다.	10분
	전개	1. 사업에 대한 자체 평가(15분) • 팀에서 구체화한 아이디어를 소비자 관점에서 바라보아 제시된 평가요소를 통해 자체 평가를 진행한다. • 다음으로 투자자의 관점에서 바라보아 제시된 평가요소를 통해 자체 평가를 진행한다. - 각 관점에서 바라보았을 때 부여한 평가 점수의 이유와 소비자나 투자자의 입장에서 구매 혹은 투자 의사가 있다면 어떤 이유로 의사결정을 했을지 적는다. 2. 투자 설명회(15분) • 투자설명회 역할 분담하기 • 투자설명회 발표자료 준비하기 • 팀별 5분 발표하기 및 질의응답하기 3. 모의 투자 게임(30분) • 사업계획서 작성하기 • 팀별로 작성한 사업계획서 발표하기	60분
	정리	1. 모의투자 게임을 마치고 팀 내에서 결과 공유 2. 모의투자 결과를 통해 어떤 점들이 부족했는지 생각해본다. 3. 자체 평가	10분
	평가 계획	1. 발표 평가 2. 모의투자가 이루어지기 전까지의 피드백을 얼마나 반영하고 어떻게 개선되었는지 평가	

학습지 5-1 | 홍보 전략 세우기(15분)

1. 소비자 관점

소비자의 관점에서 본인이 속한 팀의 아이템에 대해 평가를 진행한다.

평가 요소	가성비	실용성	필요성	디자인
점수 (5점 만점)				

2. 투자자 관점

투자자의 관점에서 본인이 속한 팀의 아이템에 대해 평가를 진행한다.

평가 요소	창의성	실현 가능성	효용성	판매 가능성
점수 (5점 만점)				

3. 피드백

소비자 입장에서 평가한 최종 점수와 이유

투자자 입장에서 평가한 최종 점수와 이유

학습지 5-2 | 투자 설명회(15분)

투자설명회를 위해 실제 회사를 운영한다 생각하고 사업 진행을 위한 역할 분담을 한다. * 발표 이후 질의응답 시간에 각 역할에 맞게 답변을 준비한다.

이름	역할	이름	역할

역할: 대표자, 개발총책임자, 기획총괄, 마케팅총괄, 디자인총괄 등

타 팀의 발표를 들어보고 팀별로 소비자의 관점과 투자자의 관점으로 평가를 진행한다.

구 분		1팀	2팀	3팀	4팀
소비자	가성비				
	실용성				
	필요성				
	디자인				
투자자	창의성				
	실현 가능성				
	효용성				
	판매 가능성				

학습지 5-3 | 모의 투자 게임(30분)

1. 발표내용을 바탕으로 개인별로 아이템/서비스를 사기 위해 가상으로 100만원을 사용할 수 있음
2. 100만원의 예산으로 투자 계획을 세워 팀마다 예산금을 배정한다.
3. 교사가 팀명과 아이템/서비스를 부르면 사고 싶은 사람이 값을 부르고 경매 형식으로 진행
4. 동일한 가격이 나왔을 경우 빨리 가격을 부른 사람이 사게 된다.
5. 모든 예산을 한번에 사용할 수 없음

팀명/아이템명	내가 세운 예산금	구입한 사람	실제 구입액
1팀 ＿＿＿＿＿			
2팀 ＿＿＿＿＿			
3팀 ＿＿＿＿＿			
4팀 ＿＿＿＿＿			

* 내가 세운 예산금과 실제 구입된 금액을 비교하여 차이가 많이 난다면 그 이유에 대해 고민해본다.

경매를 진행하며 예산금으로 가장 많은 투자를 한 팀/아이템의 순위를 적는다.

1위:	2위:	3위:

자체평가지

1. 기업가정신 프로그램을 통해 나의 변화를 이야기해봅시다.

- 팀 안에서 나는 어떤 역할을 했나요?

- 나의 기본 역량은 어떻게 발전했나요?

- 가장 힘들었던 점은 무엇인가요?

2. 수업 과정을 통해 우리 팀은 어떻게 성장했나요?

- 우리가 개선하려고 했던 문제는 무엇이었나요?

- 어떤 방법으로 해결하려고 노력했나요?

- 가장 어려웠던 점은 무엇인가요?

- 우리 팀은 어려움을 어떻게 극복했나요?

- 가장 재미있었던 점은 무엇인가요?

- 기업가정신 교육 프로그램을 통해 배운 점은 무엇인가요?